니체
운명
수업

《니체 운명수업》 독자 북펀딩에 참여해주신 고마운 분들 (가나다순)

강부원, 강영미, 강주한, 고청훈, 김경무, 김기남, 김기태, 김병희, 김정환, 김주현, 김중기, 김지수, 김현승, 김현승, 김현철, 김혜원, 김희곤, 나준영, 나진만, 노진석, 문형석, 박경진, 박나윤, 박무자, 박준일, 박진순, 박혜미, 설진철, 성유나, 신민영, 신정훈, 양민희, 원성운, 유지영, 윤정훈, 이동익, 이만길, 이수한, 이주호, 이하나, 이현주, 임창민, 장경훈, 전미혜, 정대영, 정용석, 정진우, 조은수, 조정우, 최경호, 탁안나, 한성구, 함기령, 홍상준

―――― 목차 ――――

프롤로그 ... 5

I. 서른에 죽거나 서른에 다시 태어나거나

참을 수 없는 영원회귀의 즐거움 ... 11
한 번은 쓸모없다 | 무의미하기 때문에 의미가 있다 | 시지프스 일병 구하기 | 나는 운명이다

자라투스트라는 생각보다 가까이에 있다 ... 26
모든 종교의 원조 격인 조로아스터교의 가르침 | 명작을 통해 만나는 자라투스트라 | 30세란 나이의 신비 | 누구나 시절인연을 맞이한다

초인 : 나는 나를 극복한다 ... 39
부활은 무덤이 있는 곳에만 있다 | 나는 나를 극복한다 | 삶이라는 예술, 예술이라는 삶 | 내 안에 좀비있다

II. 자기 자신이 된다는 것

니체는 유럽의 붓다 ... 59
니체와 붓다, 시대를 넘어선 혁명가들 | '안락'으로의 초대 | 예술을 할 줄 알아야 인간이다 | 노예로 태어난다는 것 | 노동, 작업 그리고 행위 | 깨달은 이의 공통점 | 니체와 《금강경》, 지혜의 번개를 내리치다

붓다의 경험들 : 주인공을 만나다 ... 84
유한한 우주 속 참된 나 찾기 | 숙명과 운명을 넘어 '참 나'로 거듭나기 | 니체와 도원 선사, 따로 또 같이

누구나 영웅의 여정을 걷고 있다 ... 99
세상에서 가장 재미있는 이야기 | 당신의 인생이 바로 영웅의 여정이다 | 카이저 소제 찾기 : 인생은 이야기다

우연은 없다 필연만이 있을 뿐 ... 107
작가의 삶이 바로 그 작품이다

III. 아모르 파티 : 주어진 운명을 사랑해야 하는 이유

창조의 순간, 우리는 신이 된다 ... 117
창조는 행복이다 | 디먼, 지니어스 그리고 창의력

내 안의 천재 만나기 ... 127
괴짜 과학자, 생각하는 모자를 발명하다 | 어느 날 갑자기 천재가 된 사람들

편집력, 진화력 그리고 창조력 ... 136
생명이 곧 편집이다 | 잡스는 트위커였다 | 창조는 우리 모두의 운명이다

디오니소스, 그 황홀경을 만나라 ... 143
당나귀처럼 뒤뚱거리며 올레를 외치기 | 디오니소스를 만난 니체, 신기를 발휘하다 | 샤먼과 망아경 | 한류 : 해원과 성장의 미학 | 세계를 무대로 〈슈퍼스타K〉를

IV. 3단 변신하라

3단 변신은 자아실현의 단계를 뜻한다 ... 165
낙타, 사자 그리고 어린아이 | 내 안의 데미안 찾기 | 이분법의 세계에서 벗어나기 | 명상하라 | 정체성 시스템 멈추기 | 감각으로 돌아가기 | 현재에 머문다는 것 | 생각 다루기 연습 | 누구나 그 길을 걸어간다

부활은 무덤이 있는 곳에만 있다 : 세 번 죽고 세 번 다시 태어나기 ... 189
바실리사 이야기 | 우리 안의 바리데기 | 끝없이 죽고 다시 태어나라

참고문헌 ... 204

저자소개 ... 207

---- 프롤로그 ----

니체와의 만남,
내 운명과의 대화

"모든 사람의 삶은 제각기 자기 자신에게로 이르는 길이다."

니체 철학에 깊은 영향을 받은 작가 헤르만 헤세는 이렇게 말했습니다. 우리가 어떻게 에고 덩어리에서 자기로 변형되어 자기실현을 이룰 것인가를 이야기한 니체처럼 헤세가 평생토록 탐구한 테마가 바로 자기실현의 문제였기 때문입니다.

분석심리학의 창시자 칼 융이 제안한 '개성화'도 같은 이야기의 다른 이름이라고 할 수 있습니다. 각자의 무의식 안에 잠들어 있는 '인생의 청사진', 다시 말해 '진정한 나다움'을 평생에 걸쳐 실현하는 과정을 개성화라고 부른 융 또한 니체 사상에 심취했던 대표적인 인물입니다. "나의 생애는 무의식이 그 자신을 실현한 역사다"라는 융의 말은 인간의 깊은 심연을 들여다본 결과 '자기를 찾아가는 과정'이 곧 인간 삶의 목적이자 전부임을 이야기한 니체 철학과 맞닿아 있습니다.

문학과 심리학을 넘어 자기답게 되는 법에 관한한 그 어떤 자기경영 작가보다 뛰어났던, 사실상 '자기계발'이란 분야의 원조 격인 니체에게 삶은 곧 운명이었고 운명은 바로 자기 자신이었습니다. 진실로 삶을 미워해야 할 때조차도 아모르 파티, 즉 운명에 대한 사랑을 노래한 삶의 철학자 니체와의 만남이 필요한 이유가 여기에 있습니다.

니체만큼 삶의 모든 모습에서 자기 자신의 역사를 보고, 매순간 자신 앞에 닥친 운명을 긍정함으로써 성장해 나가는 '자아 찾기'의 과정을 잘 설명해낸 철학자도 드물기 때문입니다. 니체는 스스로도 피로 쓴 글이라고 언급할 만큼 읽는 이의 마음에 맺혀 자기혁명과도 같은 변화를 부르는 저술을 남겼습니다. 니체의 삶과 철학이 시간의 무자비함을 이겨내고 오늘날까지 그 찬란한 빛을 발하는 이유일 것입니다.

이런 니체를 거울삼아 누구나 고민하는 삶과 운명의 문제에 답하고자 시작된 이 책의 여정은 2014년 우수출판콘텐츠 제작지원사업 당선작 《철학은 운명이다》를 바탕으로 완성되었습니다. 비유하자면 영화에서 같은 주제와 이야기를 가지고 단편영화와 장편영화가 따로 만들어지듯이 이 책《니체 운명수업》은 《철학은 운명이다》 중 '니체 미스터리' 부분의 확장판입니다. 니체 철학의 키워드인 운명애를 중심으로 "어떻게 살 것인가?"라는 인생 궁극의 의문을 짚어낸 것입니다.

무려 9명의 세계적인 현자들, 즉 에피쿠로스, 칸트, 몽테뉴, 데카르트, 쇼펜하우어, 칼 융, 니체, 세네카, 플라톤에 얽힌 미스터리를 풀어나가는 과정을 통해 우리의 일상인 먹고 살기, 잠과 꿈 그리고 삶과 운명의 문제를 이야기한 《철학은 운명이다》를 펴내고 난 후 저는 많은 질문을 받았습니다. 그 중 대부분이 어떻게 철학 전공자도 아니면서 이런 무모하고도 대담한 작업을 했냐는 것이었습니다. 식상한 답변이겠지만 출판사의 편집자로 시작해 작가로 그리고 출판 기획자로 일해 오면서 제가 부딪힌 가장 큰 벽이 바로 철학의 문제들이었기에 언제나 그렇듯 저는 책 속에서 해답을 찾고자 노력했습니다. 그 결과물이 한국출판문화산업진흥원의 지원에 힘입어 《철학은 운명이다》라는 작은 결실로 맺어진 것입니다.

책으로 시작해 책으로 마감하는 삶을 살면서 모든 책의 시작과 끝이 만나는 뫼비우스의 띠가 바로 철학임을 깨달았을 때, 부족하나마 저처럼 철학을 전공하지 않은 사람도 재미있게 책장을 넘길 수 있는, 일상의 소소한 문제들에 적용 가능한 철학책을 쓰고 싶었습니다.

    철학이 무엇이며 왜 철학을 해야 하는지, 먹고 살고 자고 꿈꾸는 우리의 일상 속에서는 물론 누구나 살면서 한 번쯤 부딪히게 되는 삶과 운명의 문제 앞에서 철학은 우리에게 어떤 해답을 줄 수 있는지를 알아내고자 시작된 저의 철학 여행은 니체의 말마따나 저 자신의 본모습을 찾아가는 여정이자 철학자들을 통해 제 내면의 목소리를 듣는 일이었습니다.

    니체는 누구나 서른에 죽던지 서른에 다시 태어날 것을 선택하라고 이야기합니다. 모든 인간은 서른 살을 기점으로 초인으로 거듭나야 하기 때문인데 여기에는 우리 삶의 궁극적인 목적이자 운명인 '성장'과 '진화'의 코드가 숨겨져 있습니다. 운명이 어떻든 간에 우연처럼 주어진 운명을 사랑함으로써 우리는 우리 스스로를 거듭나게 할 수 있는 초인과 같은 존재들이기 때문입니다.

    니체는 '영원회귀'라는 깨달음을 통해 운명이라는 고통의 근원을 절감한 철학자인 동시에 "삶은 길섶마다 행운을 숨겨 놓았다"고 이야기할 만큼 운명 그 자체를 사랑한 철학자였습니다. 이 책은 그런 니체가 제시하는 '아모르 파티', 즉 운명애의 기술을 '영원회귀', '권력의지', '초인' 그리고 '3단 변신' 등과 같이 니체를 대표하는 개념들을 중심으로 알기 쉽게 풀어냄으로써 우리 모두가 고민하는 삶과 운명에 대해 스스로 답을 찾을 수 있도록 만들어졌습니다.

    제가 그러했듯이 니체와의 만남을 통해 독자 여러분 내면의 참된 자신, 그 운명과의 대화가 시작되기를 기원합니다.

프롤로그

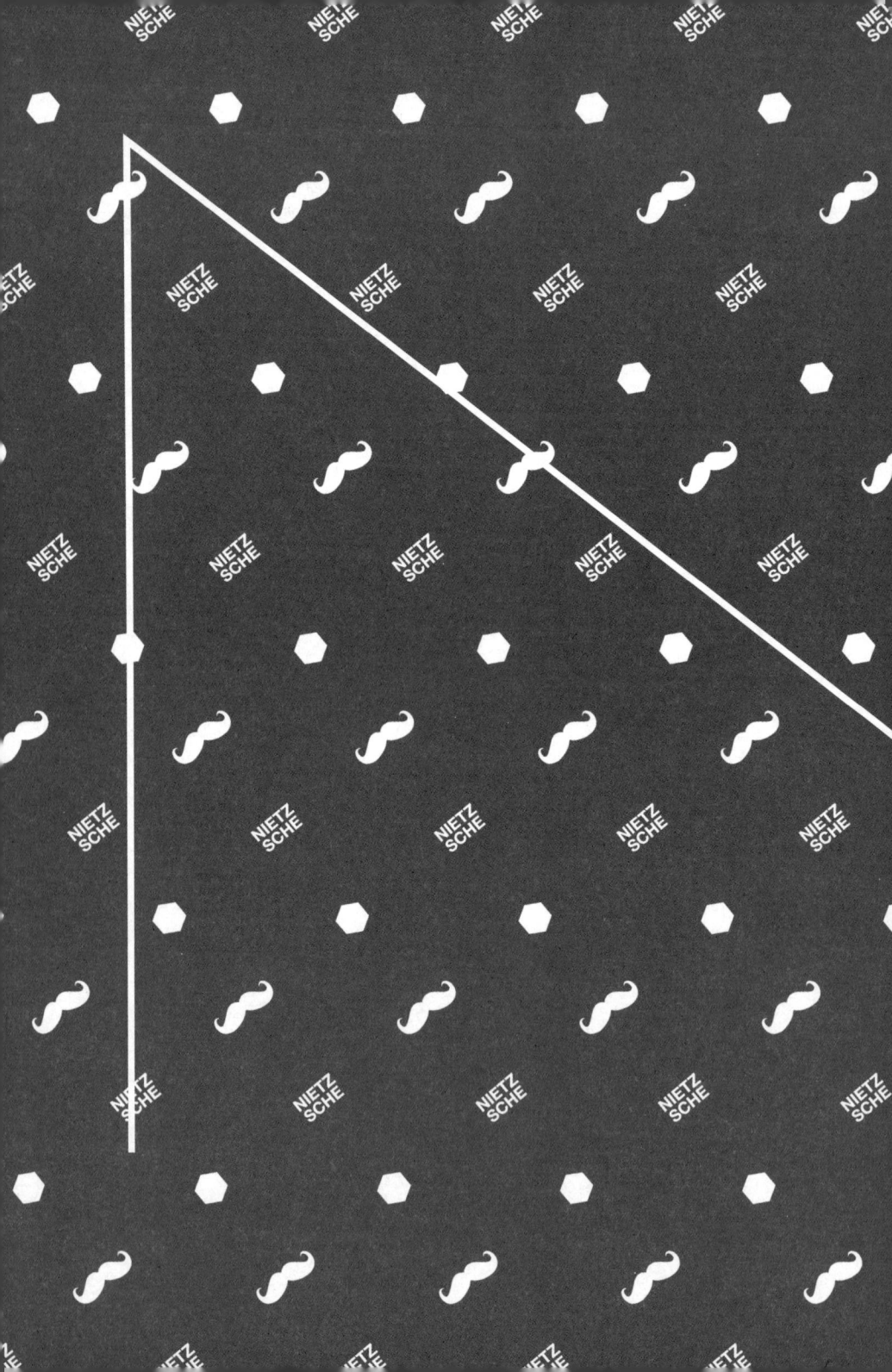

참을 수 없는
영원회귀의
즐거움

**한 번은
쓸모없다**

"영원회귀란 신비로운 사상이고 니체는 이것으로 많은 철학자들을 곤경에 빠뜨렸다. 우리가 이미 겪었던 것이 어느 날 그대로 반복될 것이고, 이 반복 또한 무한히 반복된다고 생각하면! 이 우스꽝스러운 신화가 뜻하는 것은 무엇일까?"

20세기를 대표하는 작가 밀란 쿤데라Milan Kundera의 《참을 수 없는 존재의 가벼움》은 이와 같은 의문으로 시작됩니다. 쿤데라는 토마스라는 한 남자의 여성 편력으로 점철된 삶의 이야기를 통해 니체의 영원회귀에 대한 그 나름의 해석을 제시합니다.

간단히 요약하면 인생이 매 순간 영원히 반복된다는 영원회귀 사상이야말로 엄청나게 무거운 무게의 책임을 갖는 삶인데 반해, 한 번 사라지면 두 번 다시 돌아오지 않는 그저 한 번 뿐인 삶이란 깃털처럼 무의미하다는 것입니다. 참 이상한 이야기가 아닐 수 없습니다. 순간은 그저 흘러갈 뿐이지 어떻게 반복된다는 걸까요?

I. 서른에 죽거나 서른에 다시 태어나거나

우리가 이미 겪었던 일들의
무한 반복이 바로 인생입니다

―――――○―――――

밀란 쿤데라

쿤데라는 한 여자에게 만족하지 못하는 주인공 토마스가 무수히 반복되는 여성 편력을 거친 끝에 깨달음을 얻어 가벼움의 세계에서 무거움과 필연성의 세계로 회귀하는 이야기로 이 질문에 대한 해답을 제시합니다. 그저 하찮고 사소한 우연일 뿐이라고 여겼던 순간들의 반복 끝에 테레사라는 여자를 진정으로 사랑하게 된 토마스는 자신이 가볍다고 여겼던 것들이 결코 가볍지 않음을 알게 되었지요. 한 번 스쳐 가면 되돌릴 수 없는 것이라고 생각했던 시간의 일회성, 즉 가벼움이야말로 그의 생각과는 달리 원형적이며 영원회귀하는 것임을 깨달았을 때 토마스는 자신이 왜 살아가야 하는지를 알 수 있었습니다.

쿤데라는 인생의 본질이 시간이며 이 촘촘한 시간의 그물을 헤쳐 나가는 것이 바로 삶인데도 불구하고 우리들 대부분이 시간을 그저 흘러가 버리면 그만인 일회성의 경험으로 여김을 꼬집고 싶었던 것 같습니다. 쿤데라에 따르면 한 번 일어난 일은 전혀 없었던 것과 마찬가지라고 합니다. 인간의 삶은 그리고 그 재료가 되는 시간은 결코 일회적이지 않다는 것이지요. 삶이란 무한히 반복된다는 바로 그 사실 덕분에 의미를 찾을 수 있는 미스터리와 같다는 것입니다. 그래서 어떤 시간관을 가지고 살아가느냐가 중요합니다.

"당신은 무엇을 선택하겠는가? 가벼움인가 아니면 무거움인가?"

전반적으로 아리송하기 짝이 없지만 뭔지 모를 여운이 꼬리에 꼬리를 무는 이 이야기를 통해 쿤데라는 독자들에게 둘 중 어떤 시간관을 선택할지를 묻는 듯합니다.

니체의 사상 중에도 가장 난해하기로 악명 높은 개념인 '영원회귀'가 영감이 되어 탄생한 걸작은 《참을 수 없는 존재의 가벼움》 외에도 셀 수 없을 정도로 많습니다. 워낙 수수께끼 같은 개념이라 다양한 해석이 가능하며 그만큼 사람들에게 기묘한 울림을 주는 화두로 자리매김한 덕분일 것입니다.

무의미하기 때문에 의미가 있다

얼굴만으로도 웃음을 유발하는 배우 빌 머레이Bill Murray가 필이라는 기상예보관 역을 맡아 활약을 펼치는 영화 〈그라운드호그 데이Groundhog Day〉도 영원회귀라는 아이디어가 우리의 삶 속에서 어떻게 적용되는가를 보여주는 또 다른 걸작입니다.

영화의 제목이기도 한 '그라운드호그 데이'는 우리나라의 입춘과 비슷한 시기인 매해 2월 2일에 미국에서 열리는 전통 축제입니다. 북미산 다람쥐과에 속하는 그라운드호그라는 동물이 자신의 그림자를 보는지 안 보는지를 가지고 겨울이 얼마나 남았나를 점치며 봄을 맞이하는 행사이지요. 그런데 이를 취재하러 온 기상예보관 필은 이 현장이 그저 우스꽝스러울 뿐입니다. 필은 언제나처럼 성의 없이 취재를 마치고는 마을을 떠나지만 폭설로 길이 막혀 되돌아오고 맙니다. 아니나 다를까 어서 빨리 이 마을을 떠나고픈 마음만 가득한 필에게 이상한 일이 벌어집니다. 아침 6시, 알람으로 맞춰둔 라디오에서는 어제와 똑같은 음악이 흘러나오고 호텔 앞에서 거지 할아버지와 보험 외판원 동창을 만나 짜증으로 가득할 무렵 그라운드호그 데이 행사를 취재하고 폭설을 만나 다시 마을로 돌아오는 하루가 반복되는 것이었습니다.

필은 2월 2일이라는 시간에 갇혀 버렸음을 깨닫고는 에라 모르겠다는 생각으로 막 살기 시작합니다. 어차피 예정대로 흘러가는 시간이므로 이를 악용해 마음에 드는 여자를 유혹하고 돈 가방을 훔치고 반복되는 축제를 엉망으로 만들어 버립니다. 하지만 무슨 짓을 해도 다시 똑같은 하루가 반복될 뿐이었습니다. 지쳐버린 필은 이제 자살만이 이 영원회귀의 삶을 벗어날 유일한 수단이라 생각합니다. 필은 갖은 수단을 동원해 자살을 하는데 놀랍게도 깨어나 보면 어김없이 아침 6시 라디오의 똑같은 음악과 멘트를 들으며 똑같은 하루를 맞습니다.

그제야 필은 죽음을 통해서라도 이 지긋지긋한 마을에서 반복되는 삶을 벗어나겠다는 고집을 꺾습니다. 어차피 반복되는 레퍼토리라면 그저 매 순간 최선을 다해 즐겨보기로 마음먹은 것입니다. 매일 아침마다 만나게 되는 보험 외판원 동창이 권하는 대로 온갖 보험을 다 들어주고 거지 할아버지에게는 맛있는 음식을 사드립니다. 열심히 재즈 피아노를 배워 동료 리타에게 연주를 해주는가하면 그녀의 얼굴을 얼음으로 조각해주기까지 하지요. 어느덧 마을 사람 모두가 이런 필을 좋아하는 지경에 이르렀습니다. 그래서일까요, 다음날 필은 이전과는 다른 라디오 음악과 멘트를 들으며 눈을 뜨게 됩니다. 심지어 옆에는 사랑하는 여인 리타가 누워 있습니다. 내일이 온 것입니다. 무의미를 유의미로 만든 순간 영원회귀의 저주가 풀린 것입니다.

〈그라운드호그 데이〉는 환상적인 이야기지만 그 본질은 잔인하리만큼 현실적인 영화입니다. 매일같이 같은 시간에 일어나 별 다를 것 없는 일을 반복하며 그날이 그날인 삶을 사는 우리 모두의 인생에 대한 신랄한 풍자인 것이지요.

십 년이면 강산도 변한다는 말처럼 십 년의 단위로 보면 변화가 있는 삶이지만 그 변화라는 것조차도 큰 틀에서는 생로병사라는 반복에 불과

합니다. 과학적으로도 인간의 삶은 DNA라는 유전자가 '번식'이라는 행위를 통해 끊임없이 스스로를 복제해내는 '반복'으로 이루어져 있습니다. 한 인간은 죽음이라는 한계를 지닌 유한한 존재이지만 번식을 통한 복제라는 이 영원한 반복은 태초부터 지금까지 그리고 앞으로도 멈추지 않고 영원히 돌고 도는 생의 수레바퀴 같은 것입니다. 신화 속에서 신들을 분노하게 만든 인간인 시지프스가 받은 형벌이 떠오르는 순간이지요.

잘 알려져 있다시피 시지프스는 거대한 바위를 언덕 위로 밀어 올리는 아주 힘든 노동을 반복해야 하는데, 몇 날 며칠에 걸쳐 바위를 언덕 꼭대기에 올려놓으면 바위는 언덕 아래로 다시 굴러 내려가 버렸습니다. 그러면 이 고달픈 과정은 다시금 반복됩니다. 시지프스는 영원히 이 과업만을 반복하며 살아야 하는 존재이지요. 우리들이 시지프스의 이야기를 듣거나 생각하는 것만으로도 인상을 찌푸리며 힘겨워 하는 이유도 여기에 있습니다. 누구도 그런 상황에 처하고 싶지 않은 죽느니만 못한 것이 바로 시지프스의 삶이기 때문입니다. 신화와 상징이 주는 묘미는 바로 여기서부터입니다. 우리는 본질적으로 시지프스와 다를 바 없이 살아가고 있음을 부정하기 힘듭니다. 그래서일까요, 이 신화를 토대로 많은 철학자들이 다양한 해석을 내놓았습니다.

대표적인 것이 알베르 카뮈Albert Camus의 '삶의 부조리' 이론입니다. 카뮈는 삶의 덧없음을 발견하는 것은 자신이 시지프스의 인생임을 자각하는 일이라고 했지요. 그렇다면 이 지점에서 누구나 2가지 선택을 할 수 있답니다. 하나는 자살을 통해 부조리에서 도피하는 방법이고 또 하나는 시지프스처럼 타고난 운명을 받아들이고 사랑하며 그것 자체에 의미를 두고 사는 방법입니다. 카뮈는 시지프스가 바위를 혼신의 힘을 다해 밀

무의미를 유의미로 만들 때
영원회귀의 저주가 풀린답니다

―――――――――――――

필 코너스(빌 머레이 분)

I. 서른에 죽거나 서른에 다시 태어나거나

우린 모두 시지프스이지요
삶은 그 자체로 부조리합니다

―――――――――――――――――――

알베르 카뮈

어 올리는 노력과 투쟁이야말로 신들에 대한 간접적 승리이며 그 자체로 고귀하다고 평가합니다.

이런 관점에서 보면 오늘날 우리들이 그 본질은 전쟁터와 다름없는 하루하루의 삶을 성실하게 살아내려고 노력하는 것도 무척이나 시지프스적인 삶의 자세라고 할 수 있을 것입니다. 또한 바위를 언덕에 올려놓고 다시금 반복될 노동의 고통과 그가 처한 비참한 조건을 생각하며 언덕을 내려오는 시지프스의 모습에서 우리는 노동에만 종속되지 않고 자신의 본질을 곰곰이 사유하는 인간의 모습을 그려볼 수 있습니다.

이럴 때 시지프스에게 전 세계의 모든 음악을 마음껏 다운받아 들을 수 있는 아이팟 셔플이라도 하나 있다면 얼마나 위로가 될는지요. 농담 따먹기 같은 이야기이지만 실제로 아리스토텔레스 같은 철학자는 노동보다 여가를 인간 본연의 자세이자 조건으로 내세우며 음악, 미술, 독서 그리고 말과 글을 통한 소통을 활용해 자신의 존재 자체에 관심을 갖고 그것의 성장에 힘써야 한다고 주장한 바 있습니다. 시지프스적 숙명을 받아들일 수밖에 없는 인간에게 그나마 소중한 한줄기 빛은 예술을 즐기는 것뿐이라는 이야기입니다. 앞서 살펴본 〈그라운드호그 데이〉에서 주인공 필에게 걸린 영원회귀의 저주를 푼 열쇠 또한 타인에 대한 관심과 사랑을 바탕으로 발현된 그림 그리기와 얼음조각상 만들기 그리고 음악 연주와 같은 예술 활동이었지요.

```
시지프스
일병
구하기
```

니체의 '영원회귀'라는 개념도 시지프스적 숙명에서 벗어나기 힘든 인간의 삶을 위로하고 그 저주와도 같은 삶의 본질로부터 벗어날 방법을 제시한 사상입니다. 시지프스가 그러하듯 따지고 보면 모든 생이 허무하다는 것입니다. 존재 자체가 무에 가까울 만큼 영원한 시간은 원형을 이루고 그 원형 안에서 일체의 사물이 그대로 무한히 되풀이 된다는 생각이었지요. 이때 그와 같은 인식의 발견 자체도 무한히 되풀이 될 뿐입니다. 이런 영원회귀의 삶을 자각한다는 것은 우리가 똑같은 삶을 무한히 되풀이하더라도 그것을 자신의 의지가 스스로 선택한 것으로 받아들이려 하는 운명애, 즉 '아모르 파티'의 자세를 가지라는 뜻입니다. 바로 그 시점부터 우리 모두는 강력한 긍정으로 나아갈 수 있습니다. 말로는 쉽지만 현실의 시지프스가 이런 철학자들의 말을 듣는다면 "그것참 시답지 않게 바위 옆에서 좋알거리지 말고 비켜!"라며 냅다 소리를 지르고 사라질지도 모르겠습니다. 그렇다면 좀 더 현실적으로 시지프스, 곧 우리 자신을 구하는 방법에 대해 철학자들이 내놓은 다양한 시나리오를 검증해 보겠습니다.

1. 시지프스의 바위덩이를 조약돌로 바꿔준다

만약에 신들이 시지프스에게 거대한 바위가 아니라 한 손에 쥘 수 있을 만한 조그마한 조약돌을 주었다면 시지프스의 삶이 한결 나아졌을까요? 철학자들은 결국엔 조약돌이 언덕 밑으로 굴러 떨어질 것이므로 지겨운 조약돌 줍기를 반복해야 한다는 형벌은 계속된다고 이야기합니다. 어쩌면 바위 굴리기보다 상대적으로 시시한 일이 되었기 때문에 무료함만 더 커졌을 지도 모릅니다.

2. 시지프스에게 바위덩이 대신 언덕 꼭대기에 아름다운 신전을 짓게 만든다

알 수 없는 이유로 자비로워진 신들이 시지프스에게 바위를 굴려 언덕 위에 아름다운 신전을 짓도록 생의 '목표'를 줄 수도 있습니다. 시지프스는 열심히 일해서 웅장하고 거대한 신전을 짓는 과업을 성취할 수 있게 될 것입니다. 하지만 이게 더 문제입니다. 과업이 끝나고 나면 시지프스는 이제 뭘 하면 될까요? 지은 신전을 부수고 다시 신전 짓는 일을 계속해야 할까요? 그렇다면 바위 굴리기에 비해 뭐가 달라졌다는 말일까요?

3. 시지프스로 하여금 바위덩이 굴리기에 대한 관점을 바꾸도록 만든다

우리가 자기계발서를 읽거나 훌륭한 동기부여 강사의 강의를 듣고 나면 인생에 대한 관점이 '잠시나마' 달라지듯이 신들도 시지프스에게 그런 관점의 변화를 선물로 준다면 어떨까요? 시지프스에게 기를 쓰고 바위를 반드시 언덕 꼭대기에 올려놔야만 하는 '강박'을 심어준다면 시지프스의 삶이 한결 쉬워질지도 모릅니다. 하지만 이것도 한낱 신기루에 지나지 않음을 신들을 포함한 우리 모두는 알고 있습니다. 시지프스에게 그런 강박을 심어주는 것은 오히려 영혼도 없는 기계 같은 시지프스를 만들어버릴 뿐입니다. 마약에 취해 자기가 뭘 하는지도 모르는 좀비 같은 시지프스가 되는 것과 뭐가 다르단 말일까요?

4. 시지프스에게 바위덩이를 이제 그만 굴려도 좋다고 명령한다

신전을 지으라고 했을 때와 결과는 동일할 것입니다. 신전을 다 짓고 나면 할 일이 없듯 바위 굴리기를 그만둬봐야 영원한 허무와 무료함만이 남을 뿐입니다. 영원한 지겨움을 겪는 것이나 특정 노동을 영원히 무한 반복하는 것이나 다른 것이라고는 취향의 차이일 뿐입니다.

5. 시지프스를 바위 굴리기의 달인이 되도록 만든다

어떤 일이든 하루 두 시간 이상씩 10년을 하면 '1만 시간의 법칙'이 완성되어 그 분야의 달인이 된다고 합니다. 하루 종일 바위 굴리기만 하는 시지프스의 경우에 달인은 따 놓은 당상일 것입니다. 달인의 경지는 도인의 경지와도 상통하는 것이니 '바위 굴리기'의 무의미함에 대한 어느 정도의 보상이 될지도 모릅니다. 언젠가는 시지프스가 바위 굴리기의 달인이 됨으로써 우주의 이치까지 깨닫는 순간이 올지도 모르겠습니다.

6. 시지프스에게 같이 바위를 굴려나갈 공동체를 만들어 준다

철학자 이윤은 저서 《굿바이 카뮈》에서 시지프스에게 가장 필요한 것은 바위 굴리기를 함께할 공동체라고 이야기합니다. 의미는 타인과의 관계 속에서만 생겨나기 때문입니다. 앞서 가정한 그 어떤 시지프스의 모습보다 함께 바위를 굴려줄 배우자와 나란히 언덕 위에 바위를 굴려놓고 다정히 손을 잡고 내려오는 시지프스 부부의 모습을 상상해보라는 것입니다. 이들은 아이를 낳고 사회를 이룰 것입니다. 시지프스가 혼자가 아니라 사회를 구성하고 산다는 것은 결국 그 속에 다른 사람들의 행복을 위해 산다는 '이타주의적 가치'가 발현되고 있다는 반증이 아닐까요. 개인으로서는 무의미하던 시지프스지만 여러 명의 시지프스가 모이면 그 속에서 의미가 발생할 수 있다는 이야기입니다. 나의 의미는 네가 만들어주고 너의 의미는 내가 만들어주는 방식으로 서로가 서로를 빛내주는 '시지프스 네트워크'가 가능해질 것입니다. 이때 시지프스의 무의미한 삶은 유의미로 전환될 가능성을 갖습니다.

나는 운명이다

저명한 생물학자 브루스 H. 립턴Bruce H. Lipton 박사는 저서 《당신의 주인은 DNA가 아니다》에서 우리 개개인의 몸이야말로 50조 개가 넘는 독립된 세포가 모인 시끌벅적한 공동체라고 이야기합니다. 물론 세포 하나하나는 현대사회의 개인들만큼이나 혼자서도 살아갈 수 있는 똑똑하기 그지없는 존재들입니다. 실제로 세상에 처음으로 출연한 생명체는 단세포 생물로 예를 들면 박테리아나 조류 아메바처럼 생긴 원생동물들인데 이들은 그 자체로 똑똑하고 혼자서도 잘 산다고 합니다.

하지만 그렇게만 사는 한 발전은 없다는 게 문제입니다. 니체가 말한 영원회귀적 숙명에서 벗어나지 못하는 것이지요. 그래서 수십억 년 동안 세포들은 공동체로 모여 살기를 원했고 점점 더 큰 체계를 구성해 모임으로써 스스로의 생존 가능성은 물론 생물계에 사는 다른 유기체의 생존 가능성도 높여주는 매우 효과적인 평화와 사랑의 메커니즘을 가동해 왔다는 것입니다. 립턴 박사는 그러한 공동체가 마침내 우리의 건강한 인체가 된 것임을 이야기합니다. 물론 여기에도 문제는 있다고 하지요. 암세포처럼 본질적으로 집도 없고 직업도 없어서 공동체의 다른 세포들에 빌붙어 사는 세포들의 모임이 생깁니다. 하지만 립턴 박사는 건강한, 일명 사랑의 평화 공동체인 인체는 웬만하면 이런 암세포들을 물리쳐낼 만큼 지혜롭다고 설명합니다.

진화의 과정은 패턴이 반복되는 과정이기도 한데 서로 비슷한 패턴이 상호간의 내부에서 끊임없이 반복되는 것으로 나타난다고 합니다. 이를 '프랙털Fractal 구조'라고도 부르는데 프랙털이란 인간을 포함한 자연계

I. 서른에 죽거나 서른에 다시 태어나거나

의 만물이 부분이 전체를 담고 전체는 또한 부분을 담는 식으로 진화해 온 것을 이론화한 것입니다.

립턴 박사는 세계인들로부터 많은 사랑을 받고 있는 러시아 인형을 생각해보라고 합니다. 바깥쪽이 제일 큰 인형 안에 들어 있는 좀 작은 큰 인형의 축소판이고 그 다음 인형은 더 작은 축소판이기는 하지만 그렇다고 해서 더 큰 인형의 정확한 복제는 아닙니다. 진화란 이렇게 프랙털적 바탕을 두고 반복적이고 규칙적인 패턴을 통해 이루어졌다는 것이지요. 앞서 우리가 시지프스의 무한 반복이 결국엔 시지프스를 비롯한 한무리의 공동체의 성장으로까지 이루어질 수 있음을 살펴본 것처럼 우리 자신의 성장 또한 그와 같은 이유입니다.

립턴 박사는 이런 사실을 알고 나면 인생을 그리고 우주를 다시 보게 되는 순간이 온다고 이야기합니다. 정말로 나라는 존재가 무한 반복을 통해 이 자리에까지 왔지만 무한 반복이 말 그대로 무한 반복에서 끝나지 않고 오늘날의 나를 이뤄냈다는 것 자체가 기적에 가까운 것 같지 않냐는 것입니다. 그러니 어떻게 내 운명을 사랑하지 않을 수 있을까요?

"모든 것은 가고, 모든 것은 되돌아온다. 존재의 수레바퀴는 영원히 돈다. 모든 것은 죽고 모든 것은 다시 피어난다. 존재의 세월은 영원히 흐른다. 모든 것은 깨어지며 모든 것은 새로이 결합한다. 존재의 똑같은 집이 영원히 세워진다. 모든 것은 헤어지며 모든 것은 다시 만나 인사를 나눈다. 존재의 수레바퀴는 영원히 자기 자신에게 충실하다. 모든 순간 존재는 시작된다. 모든 여기를 중심으로 저기라는 공은 구른다. 중심은 어디에나 있다. 영원의 오솔길은 굽어져 있다."

니체는 자라투스트라의 입을 빌어 이렇게 말합니다. 영원회귀 안에서 자신에게 주어진 운명을 사랑하고 긍정하는 니체의 이와 같은 태도는 결국 "나는 운명이다"라는 말로 귀결됩니다.

우리의 삶은 본질적으로 끊임없이 돌고 도는 무의미한 반복이긴 하지만 그런 무의미함이 전제되지 않으면 우리가 추구하는 더 높은 경지로의 상승, 즉 육체적·정신적 진화가 이루어지지 않을 것입니다. 그러므로 운명애는 계속되어야 합니다. 운명이 바로 나임을 깨닫는 긍정이 시작되는 한 우리의 무한 반복은 더 이상 무한 반복이 아닌 '프랙털화'의 과정을 거치게 됩니다. 우리는 끊임없이 진화해 나갈 수 있습니다.

니체의 대표작《자라투스트라는 이렇게 말했다》가 고전의 반열에 올라 오늘날에 이르기까지 수없이 인용되고 회자되는 이유도 이 책을 통해 '영원회귀'라는 참을 수 없이 궁금한 삶의 수수께끼를 풀어나갈 수 있기 때문입니다. 니체 스스로가 '미래의 성경'이라 칭했을 정도로《자라투스트라는 이렇게 말했다》는 어떤 부류로도 분류되지 않는 신비한 책이며 놀라우리만큼 동양적인 색채를 띠고 있습니다.

이 '미래의 성경'은 한마디로 모든 인간이 거쳐야 할 내적 탐험에 대한 이야기인데, 주인공인 자라투스트라가 조금씩 처음부터 자기의 것이었던 모습이 되어가는 과정을 담고 있습니다. 자라투스트라는 자신의 운명을 피하려고 계속 시도하지만 결국 자신이 지닌 '붓다의 본성'이라 할 수 있는 '진짜 나'를 현재화하게 되는 이야기입니다.

니체를 설명하면서 왜 붓다를 이야기할 수밖에 없는지는 니체가 자라투스트라라는 지금은 잊혀진 종교가 되어버린 조로아스터교의 성인을 자신의 페르소나로 삼은 이유에서부터 출발합니다.

자라투스트라는
생각보다
가까이에 있다

**모든 종교의
원조 격인
조로아스터교의
가르침**

영어식 표기인 조로아스터로 더 많이 알려진 자라투스트라는 예수가 태어나기 1,200년 전에 페르시아에서 '조로아스터교'라는 새로운 종교를 창시한 인물입니다. 니체는 그를 "선과 악의 투쟁에서 사물이 움직이는 본연의 바퀴를 처음 본 사람"이며 "도덕을 형이상학적인 것으로, 즉 힘, 원인, 목적 그 자체라고 옮긴 사람"이라고 평합니다. 실제로 자라투스트라는 삶과 죽음, 진실과 거짓, 선과 악 등 이원론적 구도 속에서 세계의 본질을 포착했고 특히 선에 의한 세계의 구원을 주장한 최초의 도덕주의자였다고 알려져 있습니다.

고대 이란에 기원을 둔 조로아스터교는 유일신을 섬기는 종교 중 가장 오래된 종교이며 지금도 소수의 신자들이 전 세계에 존재합니다. 종교학자들은 조로아스터의 가르침이 3대 유일신교인 기독교, 이슬람교 그리고 유대교의 발전에 이용되었을 거라는 주장을 펼치고 있습니다. 예를 들어 조로아스터는 이 세상을 '빛과 어둠' 내지는 '선과 악'의 대결로 보는 이원론적 시각을 가지고 있고 신의 아들, 12월 25일생, 계약, 어머니가 처녀라는 점 등 훗날 예수의 전기에 나타나는 핵심적인 부분들의 원조격이라고 할 수 있는 고대의 성자였습니다. 그래서 일군의 학자들은 기독교가 조로아스터교를 표절했다는 주장을 펼칠 만큼 두 종교 사이에는 무척이나 많은 연관성이 있다고 합니다.

 이뿐만이 아닙니다. 불교의 보살 사상이 조로아스터의 영향을 받은 것이라 주장하는 연구자들도 있습니다. 심재관 전 금강대 교수는 "불교의 보살 사상에는 구도자로서의 모습뿐만 아니라 '구원자'로서의 모습이 나타나는데 특히 초월적 존재로 인간을 구원하는 모습은 조로아스터교의 구원자인 '샤오쉬안트' 사상과도 닿아 있다"고 이야기합니다. 불교에서의 미륵보살의 존재와 매우 흡사한 조로아스터교의 샤오쉬안트 개념이 불교가 나타나기 전 인도와 인접한 지역에서 널리 퍼져 있었다는 점에서 조로아스터교가 불교 형성에 일정부분 영향을 미쳤으며, 특히 보살 사상에 이러한 부분이 반영됐음을 알 수 있다는 것입니다. 이렇게 보면 조로아스터교는 동서양 종교의 양대 산맥이라고 할 수 있는 기독교와 불교에 고루 영향을 준 놀라운 사상이자 철학이 아닐 수 없습니다.

 중국에서는 조로아스터교가 불을 숭배한다고 하여 '배화교' 또는 '명교'라고 불렸는데, 이에 대한 이야기가 중국의 '신필'이라 불리는 김용의 《영웅문》에서 역사적 사실을 바탕으로 흥미진진하게 펼쳐지고 있습니다. 원나라 말기 명교의 세력과 주원장이 합심하여 세운 나라가 바로 명나라라는 역사적 사실에 근거한 무협 소설인 《영웅문》에서 김용은 조로아스터적인 세계관을 그 어떤 작가들보다 극명하게 보여줍니다. 예컨대

극중 명교의 인물들은 한 인간 안에 공존하는 선과 악의 모습을 여실히 보여주는데 극의 말미로 갈수록 누가 선인이고 누가 악인인지 판가름하기가 힘듭니다. 인간의 삶이란 것이 선과 악이라는 이분법적 기준 자체가 모호한 경우가 많기 때문입니다. 결국 선과 악의 대결이라는 것은 모든 인간의 내면에서 일어나는 체험으로 영원히 반복되는 '영원회귀'와도 같은 것임을 깨닫게 해주는 이야기입니다.

명작을 통해 만나는 자라투스트라

전설의 록그룹 퀸의 보컬로 유명한 세계적인 가수 프레디 머큐리Freddie Mercury도 조로아스터교의 세계관을 가장 대중적으로 풀어낸 인물로 손꼽히는데, 우연치 않게도 그는 니체와 그 모습마저도 흡사합니다. 프레디 머큐리는 부모가 모두 열렬한 조로아스터교 신자로 그의 대표곡인 〈보헤미안 랩소디〉에서 프레디 머큐리의 세계관을 어느 정도 엿볼 수 있습니다.

〈보헤미안 랩소디〉는 가사의 탁월한 은유적인 표현은 물론 형식과 구성면에서 슈베르트의 〈마왕〉과도 견줄만하며 니체의 철학을 넘나드는 시도를 했다는 점에서 완성도가 높다는 평가를 받습니다. 하지만 실제로 가사의 내용이 정확히 무엇을 뜻하는지, 프레디 머큐리가 어떤 의도로 가사를 썼는지에 대해서는 아무것도 밝혀진 바가 없습니다. 프레디 머큐리는 수많은 인터뷰 요청에도 불구하고 이 곡에 대한 해석을 일절 언급하지 않고 죽었기 때문이지요. 하지만 가사의 내용과 곡의 형식을 꼼꼼히 뜯어보면 니체가 말하고자 하는 영원회귀적 사상과 가사의 주제가 무척이나 흡사함을 알 수 있습니다. 퀸 최고의 음반으로 손꼽히는 〈어나이트 앳 디 오페라A Night at the Opera〉앨범의 대표곡인 만큼 이 노래의 시작은 작가가 나와서 서두를 꺼내는 오페라의 형식을 띠고 있습니다.

"이게 현실일까? 아니면 환상일까? 산사태에 압도된 듯 현실로부터 달아날 수 없네. 자, 눈을 뜨고 하늘과 바다를 한번 보시오."

이때 비관적인 주인공의 목소리가 들립니다.

"난 그저 불쌍한 아이일 뿐, 동정 따위는 필요 없어. 왜냐하면 나는 쉽게 얻고 쉽게 잃으며, 조금 좋았다가 조금 안 좋을 뿐. 어쨌거나 바람은 불고(세상은 돌아가고) 난 달라지지 않을 테지."

이렇게 오프닝이 끝나면 곧이어 오페라에서 1막에 해당하는 주인공의 누추한 집 안에서 이야기가 시작됩니다. "맙소사! 사람을 죽였어"라며 시작되는 주인공의 독백은 그가 다른 사람을 죽인 것이 아니라 스스로를 죽였음을 뜻하는 듯합니다. 다시 말해 자살이 일어난 상황을 은유적으로 표현하고 있는 것이지요. 자기도 모르는 충동에 이끌려 자살을 택한 주인공의 영혼은 마치 임사 체험의 한 장면처럼 죽어 있는 자신을 보고 놀라지만 결국 죽음을 받아들이고는 자신이 떠난 후 쓸쓸히 남겨질 사람들에게 계속 살아갈 것을 부탁합니다.

이렇게 1막이 끝나고 2막이라고 할 수 있는 천상계가 펼쳐집니다. 이때 고전 오페라나 연극을 보면 이상한 곳으로 안내하는 역할을 도맡아 하는 어릿광대가 등장해 주인공이 천상계로 왔음을 알려줍니다. 갈릴레오, 피가로 등과 같은 여러 성인들이 등장하며 천사들이 주인공의 가련한 처지에 대해 성인들에게 보고를 합니다. 그는 단지 가난하고 불쌍한 아이일 뿐이므로 다시 지상계로 돌려보내 주자는 것입니다. 마치 불교의 윤회를 떠올리게 하는 장면입니다. 하지만 악마들의 반대에 부딪혀 주인공은 후회와 절망에 몸부림을 치고 절규합니다. 마침내 클라이맥스를 알리는 음악이 울려 퍼지는 가운데 천사들과 성인들의 도움에 의해 주인공은 천상에서 지상으로 구름을 타고 내려옵니다. 이제 마무리입니다. 다시금 오프닝에 나왔던 작가가 등장해 이 모든 것이 현실인지 환상인지 알 수 없다는 말을 읊조립니다.

"그래도 바람은 분다 ….."

이 오페라 풍의 싱글에 담긴 신비스러운 분위기는 삶과 죽음을 대하는 프레디 머큐리의 조로아스터적인 세계관을 잘 담아내고 있음은 물론 마치 단테의 《신곡》이나 괴테의 《파우스트》를 한 곡의 노래로 표현한 듯한 감동을 줍니다. 절망에 빠져 자살을 선택하지만 천상의 경험을 통해 자신을 돌아보게 되면서 다시 지상으로 내려와 내일에 대한 희망으로 마무리되는 일련의 과정은 영원히 반복되는 인생의 쳇바퀴를 떠오르게 하지요. 마치 지구가 태양 주위를 한 바퀴 돌아, 봄이 될 때마다 마른 들판에서 새싹이 자라고 꽃이 피는 것처럼 똑같은 것이 똑같은 모습으로 영원히 되풀이해서 돌아온다는 니체의 '영원회귀' 사상은 우리 삶 곳곳에 '고전'으로, 때로는 '불후의 명곡'이라는 가면을 쓰고 끊임없이 반복되고 있는 셈입니다.

모든 것이 똑같이 반복된다는 영원회귀는 쿤데라의 말마따나 모든 것을 무의미하게 만들 만큼 아찔한 생각이지만, 반대로 영원회귀만큼 우리를 희망찬 긍정의 세계로 이끄는 것도 없다는 것이 《자라투스트라는 이렇게 말했다》에서 니체가 이야기하는 삶의 본질이자 목적입니다. 영원회귀는 무한 반복이지만 나선형 반복이기 때문인데 이에 대해서는 이 책의 뒷부분에서 더욱 자세히 살펴볼 것입니다.

모습이 닮은 만큼
철학도 비슷하지요

프레디 머큐리 / 프리드리히 니체

시대를 초월해 전 세계인들의 사랑을 받는 고전이나 명곡에는 반드시 이유가 있습니다. 분석심리학의 창시자인 칼 융Carl Gustav Jung의 이론으로 풀자면 우리의 집단 무의식에 울림을 주는 무언가가 있다는 것인데, 프레디 머큐리의 〈보헤미안 랩소디〉도 바로 그런 명곡 중 하나입니다. 자라투스트라 또한 그 이름 자체로는 낯설지만 우리의 무의식 속에서는 무척이나 친근한 사상을 펼친 인물입니다. 니체는 이것을 누구보다 잘 알고 있었기에 《자라투스트라는 이렇게 말했다》에서 자라투스트라를 자신의 대변자이자 니체 자신으로서 그의 3가지 핵심 교의인 '초인', '권력의지' 그리고 '영원회귀'를 가르칠 주인공으로 택한 것입니다. 자라투스트라는 영원회귀의 수수께끼를 풀어낸 끝에 모든 인간이 궁극적으로 도달해야 할 목표인 '초인'이 될 수 있었던 사람입니다. 니체는 자신의 근본 체험이기도 한 '영원회귀'를 전달하려는 목적에서 이 책을 쓴 것입니다.

30세란 나이의 신비

"자라투스트라는 서른 살이 되었을 때, 고향과 고향 호수를 떠나 산 속으로 들어갔다. 10년 동안 그곳에서 그는 자신의 정신 세계와 고독을 즐기느라 아무런 권태를 느끼지 못했다."

《자라투스트라는 이렇게 말했다》는 이와 같이 시작됩니다. 그런데 왜 하필 서른 살일까요?

서른 살 남짓한 나이에는 뭐라고 정의하기 힘든 어떤 중요성이 있습니다. 마치 열네 살이라는 나이에 사람들이 성적으로 성숙해지는 것과 마찬가지입니다. 실례로 동양의 한의학에서는 7년마다 사람에게 어떤 변화가 일어난다고 봅니다. 여자의 경우 14세에 월경, 49세에 폐경 등 신체적으로 성숙해지는 나이가 있듯이, 정신적으로도 성숙해지는 나이가 존재하는데 그 시점이 바로 서른 즈음이라는 것입니다.

《오쇼의 자라투스트라》에서 인도의 세계적인 철학자 오쇼 라즈니쉬Osho Rajneesh는 자라투스트라가 태어났던 2,500년 전에는 전 세계에 걸쳐서 커다란 부흥의 물결이 휩쓸던 시기였음에 주목합니다. 인도에서는 고타마 붓다, 마하비라, 고샤라크, 산자이 빌레티프타, 아지트 케쉬캄발 등이 똑같은 깨달음의 경지에 도달했다고 합니다. 중국에서는 공자, 맹자, 노자, 장자, 열자 등 많은 사람이 있었습니다. 그리스에는 소크라테스, 피타고라스, 플로티누스, 헤라클레이토스가 있었으며, 이란에는 자라투스트라가 있었지요. 전 세계에 갑작스러운 의식의 흐름이 밀려와 많은 사람들이 깨달음을 얻게 되었습니다. 이것은 이상한 우연인 동시에 깨달음이라는 것도 일종의 연쇄반응을 일으키는 현상임을 보여준 것이었습니다.

고타마 붓다의 경우 스물아홉 살 때 왕궁을 떠났다고 합니다. 서른 살이 된 자라투스트라의 마음속에 일어난 극적인 변화는 훗날 붓다가 된 왕자 고타마 싯다르타가 왜 출가를 결심하게 되었는지에 얽힌 '사문유관'이란 이야기를 떠올리게 합니다. 붓다를 연구하는 학자들에 따르면 전설적이고 신화적인 붓다의 전기는 붓다가 누구였냐를 보여 주는 증거라기보다 어떻게 붓다라는 한 인간이 깨달음을 얻었는지를 보여줌으로써 불교의 핵심을 잘 표현한 가르침이라고 이야기합니다.

20세기의 패러다임을 바꾼 인물로 불리는 작가 보르헤스Jorge Luis Borges가 너무도 아름다운 깨달음의 이야기라고 극찬해 마지않은 붓다의 전설인 동시에 전기 속에서 왕자로 태어난 싯다르타는 현실 세계의 고통을 모른 채 풍요롭게 자랐습니다. 아버지 정반왕은 아들이 장차 출가하여 부처가 되리라는 예언을 아시타 선인에게 들은바 있었기에 아들이 출가할 동기를 갖지 못하도록 성 밖 출입을 아예 금지시켜 일체 속세의 고통을 알지 못하게 했지요. 온갖 호사를 누리며 학문과 무예를 익힌 이 총명한 왕자는 어느 날 우연히 궁궐의 사대문 밖으로 나가 사람들이 살아가는 모습을 보며 인생의 생로병사를 목격하고 맙니다. 그리고 자신도 언젠가 늙고 병들고 죽을 것이니 그것을 해결하지 못하는 한 삶이 아무런 의미도 없다는 자각을 얻고 슬퍼하던 중, 한 출가 수행자를 만나 인생의 진리를 찾는 방법이 있음을 알게 되지요. 이를 계기로 싯다르타는 왕국의 부귀영화와 권세를 뒤로 한 채 한밤중에 몰래 궁을 탈출하여 출가 사문의 길을 걷습니다. 그때 싯다르타의 나이가 서른 무렵입니다. 서른은 이렇게 영적인 변화와 관련이 많은 나이입니다. 예수도 서른의 나이에 팔레스타인에서 자신의 영적인 사역을 시작했고, 자라투스트라도 서른이 되었을 때 산에서 내려와 가르침을 펴기 시작했으니까요.

    2000년대 초반을 기점으로 대한민국은 물론 전 세계 서점가에 한창 자기계발서 열풍이 불 때 "서른 살"을 외치는 책들이 인기를 끌었던 이유도 여기에 있습니다. 김광석의 명곡 〈서른 즈음에〉가 이야기하듯 누구나 서른쯤이 되면 인생의 무게를 절감하며 살아온 날들을 돌아보게 되는 것입니다.

> **누구나
> 시절인연을
> 맞이한다**

사주명리학에서는 '10년 대운론'이라는 개념으로 이와 같은 인생의 변곡점을 제시합니다. 대운이란 한 사람의 인생을 10년 단위로 지배하는 운세입니다. 고전평론가이자 인문의역학 연구가인 고미숙은 인문학과 사주명리학을 접목시킨 화제작 《나의 운명 사용설명서》에서 팔자가 '평생을 함께하는 원형'이라면 대운은 그 원형이 걸어가는 '시절인연'이라고 정의 내립니다. 사람마다 대운의 숫자는 같지 않아서 만세력에서 사주를 뽑으면 그 일간에 대운 숫자가 나오는데 3이면 3세, 13세, 23세, 33세 등이고, 5면 5세, 15세, 25세 등이 됩니다. 말하자면 사람마다 대운의 기준이 다른 것으로 이 기준은 원국 사주로부터 추출되는 것입니다.

고미숙은 이렇게 모든 사람의 대운이 십 년마다 변한다는 건 여러 모로 의미심장하다고 설명합니다. 십 년이면 강산도 변한다는 말이 있듯이, 사람의 인생 또한 그러하다는 것입니다. 생리학적으로 몸을 이루는 세포들도 최소 7년이면 물갈이를 한다고 합니다. 그러니까 10년 전의 나와 지금의 나는 아주 다른 존재라는 것입니다. 그래서 대운이 달라진다는 건 외부적 조건이기도 하지만 나라는 존재의 주름 하나가 펼쳐지는 내부적 변용이기도 하다는 것이 인문학자인 고미숙이 대운을 바라보는 관점이지요.

대운을 죽 뽑아 놓으면 자신이 밟아 갈 시공의 리듬이 한 눈에 펼쳐지는데 여기서의 핵심은 상승과 하강의 변주라고 합니다. 다시 말해 지금이 아주 만족스럽다면 분명 다음 혹은 다다음 단계는 반드시 불만족의 양상이 펼쳐진다는 것입니다. 부와 권세를 누리는 경우라면 그 진폭은 더더욱 벌어진다고 합니다. 평생에 걸쳐 운의 흐름이 좋기란 불가능하기 때문에 상승할 때는 더욱 몸을 낮추고 하강할 때는 결코 낙담하지 말아야 한다는 것입니다.

대운의 이치는 지금의 너는 이전의 시공간에 있을 때와는 전혀 다른 존재라고 말해 주는 것이라고 합니다. 고미숙은 대운이라는 강물은 하염없이 흘러가고 있는데, 나의 의식의 물결이 어느 한 모퉁이에 들러붙어 앞으로 나아가기를 거부한다면 시간이 지날수록 그 의식 자체가 한 사람의 발목을 잡는 웅덩이나 늪이 될 것이라고 설명합니다. 대운을 알면 전략을 짜기가 쉽습니다. 시절인연을 만나기 전에는 결코 어떤 일도 이루어지지 않습니다. 강태공이 팔십이 넘도록 나는 고기를 잡는 게 아니라 세월을 낚는다고 말한 이유도 이런 시절인연과의 만남을 준비한다는 뜻이 아니었을까요.

시절인연에 얽힌 재미난 에피소드를 털어놓은 동시대의 인물도 있습니다. 소설가 김영하는 오늘날 유명작가로 성공할 줄은 꿈에도 몰랐던 대학교 시절 유명하다는 점집에 점을 보러 갔던 경험을 저서 《보다》에서 다음과 같이 이야기합니다.

"뭐가 되고 싶으십니까?"라는 점쟁이의 질문에 안 그래도 뭐가 돼야 할지 몰라 방황 중이던 김영하는 농담 반 진담 반으로 "글쎄요, 혁명가?"라고 대답했다고 합니다. 그러자 점쟁이는 묘한 대답을 내놓았습니다.

"운명은 앞에서 날아오는 돌이고 숙명은 뒤에서 날아오는 돌입니다. 앞에서 날아오는 돌이라고 다 피할 수 있는 것은 아닙니다. 다만 힘이 들지요."

무슨 말인가 싶어 어안이 벙벙해진 김영하에게 그 신통하다는 점쟁이는 남다른 비전을 제시했답니다. 김영하의 사주에는 혁명가로서의 운이 없으니 만약 계속해서 혁명가를 꿈꾼다면 감방에나 들락거리다 인생이 끝날 것이지만 말과 글로 진로를 정한다면 사십 년 대운이 펼쳐져 있다는 것이었습니다.

김영하의 사주를 자연에 비유하면 나무와 같은데 그 당시의 상황은 큰 바위가 나무를 짓누르고 있는 것과 같아 지금으로서는 세상에 대해 화가 많이 나 있을 것이지만 나무는 자라게 마련이고 바위는 부서지게 마련이므로 나이를 먹을수록 부드러워지고 유순해질 것이라 했습니다. 더불어 자신이 하루 종일 어떤 남자에게 시집을 가게 될지 궁금해 하는 여대생들을 상대하고는 있지만 자신도 국운이라는 것을 볼 줄 안다며 이 나라가 앞으로도 꽤 흔들리기는 하겠지만 뒤집어지는 일은 없을 것이라 예언했다고 합니다.

놀랍게도 그 점쟁이의 예언은 김영하가 나이를 먹어감에 따라 하나 둘씩 맞아 들어가기 시작했습니다. 대학원에 진학해 본격적으로 글을 쓰기 시작한 김영하는 몇 년 후엔 잡지 등에 고료를 받고 글을 쓰게 되었고 얼떨결에 단행본도 출간하게 되면서 결국 정식 작가로 등단을 했습니다. 모교의 한국어학당에서 외국인들에게 한국말을 가르치기도 했고 라디오 진행자와 교수, 시나리오작가 등을 거쳐 마침내는 전업 소설가로 먹고 살게 되었으니 말과 글로 먹고 살 것이라는 점쟁이의 예언이 틀리지 않았던 셈입니다. 또한 이제는 김영하가 본인 스스로를 평가하기에도 그 무엇에도 크게 분노하지 않는 유순한 인간이 되었으며 국운 역시 점쟁이가 예측한 바와 크게 다르지 않게 흘러가고 있었습니다.

재미있는 것은 말과 글로 먹고 살게 된다는 예언을 한 사람은 김영하 주변에 단 한 명, 그 점쟁이뿐이었다는 것입니다. 다시 말해 뜬금없는 잡소리로 흘러버릴 수도 있었던 소수의견에 김영하는 자신도 모르게 귀를 기울였고 유명작가가 된 오늘날에 이르기까지 그때의 기억을 곱씹을 정도로 점쟁이의 예언은 김영하가 스스로를 돌아보는 계기를 만들어준 셈입니다. 김영하는 그래서 살다보면 필연적으로 이런 자기실현적 예언이 필요한 순간이 있다는 의미로 이때의 경험을 해석합니다. 닭이 먼저냐 달걀이 먼저냐는 이야기처럼 김영하 자신이 운명을 따라갔는지 운명이 김영하를 따라왔는지 모를 일이지만 시절인연은 어김없이 김영하를 찾아왔습니다. 점쟁이가 말한 '앞에서 날아오는 돌'을 피하지 않고 맞은 것입니다.

캐나다의 정신과 의사이자 심리학자이며 문필가인 벅Richard Maurice Bucke은 사람이 살다가 어느 단계에서 '비보통적 의식'을 접하는 경험을 하게 되는데, 이런 의식을 '조명Illumination', 혹은 '우주의식Cosmic Consciousness'이라고 했습니다. 벅 자신이 이런 경험을 해보고 이런 경험이 누구에게, 몇 살 정도에 생기는 것인가를 역사적으로 그리고 주위 사람들을 상대로 조사해 봤다고 합니다. 그는 사람에 따라 다소 차이는 있지만 보통 30세를 전후해서 이런 경험을 하게 된다는 사실을 발견했습니다.

융도 30대 초반이 되어서야 인생사에서 참 나는 누구인가를 묻는 '개인화 과정Individualization Process'이 시작된다고 생각했습니다. 인생의 여러 가지 문제를 비로소 나 자신의 문제로 보기 시작한다는 뜻입니다.

문제는 대부분의 사람들이 서른 살 정도면 죽어버린다는 것입니다. 나머지 세월 동안 그들은 살아있는 것처럼 보이지만 사실 그들에겐 삶이 존재하지 않습니다. 왜 살아가는지, 나는 누구인지를 물어본 적이 없기 때문입니다. 자신의 뿌리는 무엇이고 어떻게 꽃피는지에 대한 관심이 없는 것입니다.

초인 :
나는 나를 극복한다

> **부활은
> 무덤이 있는
> 곳에만 있다**

그래서일까요, 자라투스트라는 이렇게 말합니다.

"나는 그대들에게 초인을 가르친다."

초인이 된다는 것을 간단히 말하면 '나를 극복하는 과정'입니다. 대개 우리를 가장 힘들게 하는 것은 우리 자신이기 때문입니다. "언제나 나를 힘들게 하는 것은 나였다"는 류시화 시인의 시 한 구절이 떠오르는 순간입니다. 니체는 그래서 어떤 사람은 죽은 뒤 다시 태어난다고 말합니다. 이때의 죽음은 생물학적 죽음이 아니라 정신적 죽음을 뜻합니다. 초인은 본성의 변화를 겪는 죽음을 만들어낼 줄 아는 사람이기 때문입니다.

우리는 다양한 정체성을 가지고 있지만 대개 하나의 정체성에 묶여 있으려는 관성을 강하게 가지고 있습니다. 마찬가지로 사람은 어느 한순간 동시에 여러 가지를 생각하지 못합니다. 단 한 가지로만 생각할 수 있습니다. 그렇다면 그 한 가지가 전부일까요?

I. 서른에 죽거나 서른에 다시 태어나거나

아닙니다. 다른 여러 가지 가능성이 숨어 있습니다. 모든 가능성이 존재하고 있는 평행우주처럼 다양한 가능성들이 합쳐져서 전체를 이루고 서로가 서로를 보완해 나갑니다. 양자물리학자들은 이를 '상보성의 원리'라고 부르는데 쉽게 말하면 원자 세계에서는 우리가 일상생활에서 경험하는 두 종류의 상반되는 명제가 동시에 성립한다고 보는 것입니다. 가장 잘 알려진 예로 '슈뢰딩거의 고양이'라는 가상실험이 있습니다. 밀폐된 상자 속에 독극물과 함께 있는 고양이가 살아 있는지 죽어 있는지는 상자가 열리는 순간 결정됩니다. 그 전까지 고양이는 반은 살고 반은 죽은 채로 존재합니다. 고양이의 상태는 객관적인 사실이 아니라 관측자와의 상호작용의 결과라는 것입니다.

관찰한다는 것은 또한 여러 세계 중 하나를 선택하는 일일지도 모릅니다. 상자 속의 고양이는 죽지도 살지도 않은 고양이가 아니라 살아 있는 고양이와 죽어 있는 고양이 모두가 존재하는데 관측자가 상자를 열어 고양이의 상태를 확인하는 순간 우주는 살아있는 고양이를 포함한 우주와 죽어 있는 고양이를 포함한 두 개의 우주로 분리된다는 것입니다.

그럼에도 불구하고 당면한 순간에 어느 한 가지 밖에 보지 못하는 속성 때문에 우리는 각자 고유한 인생을 살아가게 됩니다. 니체가 이야기하는 영원히 반복되는 삶이란 이런 것이 아닐까요?

우리가 다른 것을 경험하고 다른 것을 느끼고 다른 것을 사유할 수 있으려면 다른 존재로 변신할 수 있어야 합니다. 초인이 된다는 것이 바로 그런 일입니다. 계속해서 죽고 다시 태어나는 존재인 초인은 자신의 몰락과 죽음을 축제로 여기는 사람입니다. 수많은 존재로 변신할 수 있다는 것은 매일 매 순간 위대해질 수 있다는 이야기입니다. 남과의 비교에서 벗어나 나 자신의 변신을 즐겁게 받아들일 수 있다면 이보다 더 기쁜 삶은 없을 것입니다. 니체는 그래서 "부활은 무덤이 있는 곳에만 있기 마련"이라고 했습니다. 인간은 그래서 '목적'이 아니라 '과정'입니다. 인간은 목적으로 존재하는 것이 아니라 늘 초인이 되기 위한 교량으로 존재해야 한다는 것입니다.

나는 나를 극복한다

자라투스트라의 말마따나 삶은 끊임없는 초극의 과정이기 때문에 모든 사물은 더 높은 차원으로 오르기 위해 애쓰고 있습니다. 이 초극은 말 그대로 끝없이 이어지는 것으로 여기에 완결은 없습니다. 우리가 하나의 목적에 도달하는 순간 우리는 그 목적이 더 나은 목적을 위한 디딤돌에 불과하다는 것을 깨닫게 될 것입니다. 우리는 끝없이 우리 자신을 넘어서야 하는 존재입니다. 그래서 동서고금의 철학자들은 입을 모아 나의 적은 다른 누구도 아닌 바로 나 자신임을 설파했습니다.

이 끝없는 초극의 원리는 현대에 들어와서 가장 인기를 끄는 화두로 발돋움한 자기계발 분야의 영원한 주제이자 목적이기도 합니다. 실제로 데일 카네기Dale Carnegie의 《카네기 인관관계론》과 같은 카네기 성공학 시리즈나 스티븐 코비Stephen Covey의 《성공하는 사람들의 7가지 습관》같은 자기계발 분야의 고전들은 모두 니체와 자라투스트라에게 큰 빚을 지고 있습니다. 또한 오늘날 현대 심리학의 기틀을 닦은 위대한 세 명의 심리학자인 지그문트 프로이트Sigmund Freud, 칼 융 그리고 알프레드 아들러Alfred Adler에 이르기까지 이들의 사상을 정립하는데 가장 큰 영향을 끼친 철

니체야말로 우리 모두의
사상적 근원이라고 할 수 있습니다

데일 카네기 / 스티븐 코비 / 칼 융 / 아들러 / 프로이트

학자가 니체임은 주지의 사실입니다.

니체 스스로가 여러 번 그 자신을 최초의 위대한 심리학자라 칭하고 자신의 철학이 심리학적 측면에서 이해되어야함을 강조했지만 당대에는 니체의 이러한 면이 쉽사리 이해되지 못했고 그 결과 주목받지 못했습니다. 훗날 니체의 생애와 철학을 심리학적으로 해석해낸 일군의 연구자들 - 루 안드레아스 살로메, 클라게스, 토마스 만 그리고 융 - 을 거치면서 니체는 비로소 그 자신이 정의한대로 위대한 심리학자로 자리매김하게 됩니다. 철학자 김정현은 공저《오늘 우리는 왜 니체를 읽는가》에서 이 세계적인 거장들이 니체로부터 받은 영감을 바탕으로 심층심리학이라는 인간 영혼에 대한 본래적인 연구는 물론 정신분석학이라는 인간의 무의식 세계를 찾아내려는 노력의 토대를 마련했다고 분석합니다. 니체의 사상과 철학은 쇼펜하우어의 철학이 그러하듯 우리 삶의 모순과 고통에 대한 날카로운 심리학적 통찰인 동시에 프로이트나 융, 아들러 등이 시도했던 인간 치유라는 근본적 물음을 함께 담고 있기에 삶의 고통과 치유, 몸의 질병과 건강, 의식적 자아의 허구성과 진정한 자기 찾기를 탐구할 수 있는 보물창고와 같다는 것입니다.

특히 프로이트나 융과 어깨를 나란히 하는 심리학자이지만 그 위대함에 비해 상대적으로 덜 알려진 심리학의 거장 아들러는 니체의 '권력의 지'라는 개념을 바탕으로 개인심리학이라는 분야를 창시해낸 것으로 유명합니다. 아들러는 앞서 언급한 자기계발 분야의 대가들에게 아버지 격인 존재임은 물론 에이브러햄 매슬로, 빅터 프랭클, 칼 로저스, 앨버트 엘리스, 에런 백, 에릭 번, 에리히 프롬, 윌리엄 글래서 등의 저명한 심리학자들에게 고루 영향을 끼친 심리학의 원류와도 같은 인물입니다. 아들러는 니체가 설파한 끝없는 자기 초극의 원리인 '권력의지'를 바탕으로 현대인들이 부모 탓, 환경 탓을 하며 스스로가 만든 무덤에서 헤어나지 못하고 있는 상황을 완전히 뒤바꿔버릴 수 있는 심리학을 발명해냈는데 간단히 설명하면 다음과 같습니다.

인간은 누구나 자신만의 '인식', 즉 자신만의 프레임을 가지고 세상을 본다는 것입니다. 이때 이 인식이라는 행위 자체가 니체가 말한 '권력의지'를 바탕으로 발생합니다. 권력의지는 지배하고자 하는 의지, 주인이 되고자 하는 의지입니다. 인식한다는 것은 미지의 것을 이해될 수 있는 것으로 분별해 판단하고자 하는, 다시 말해 인간의 정신에 순종하는 대상으로 만들어 내려는 권력의지의 표현으로 사람은 다 제각각의 인지를 가지고 있습니다. 빨간 안경을 쓴 사람에겐 세상이 빨갛고 파란 안경을 쓴 사람에겐 세상이 파랗다는 비유가 바로 이런 것이지요. 그런데 바로 여기서 문제가 생깁니다. 개인마다 다른 인지라는 안경 때문에 우리는 매일 분노나 슬픔, 질투 같은 감정을 느끼게 됩니다.

실례로 뇌과학계의 최신 연구결과들이 알려주는 인간에 대한 진실이 이와 같습니다. 결론부터 말하자면 한 인간의 감정체계라는 것은 태어날 때부터 가지고 나온다는 것입니다. 거듭된 뇌과학 실험들이 확인해 주는 사실은 우리가 합리적이고 이성적인 판단을 통해 행동한다는 것은 착각에 불과할 뿐이며 실상은 비합리적이고 비이성적인 메커니즘, 즉 운명적으로 개개인의 DNA에 새겨진 감정체계가 생성해내는 생각에 의해 행동을 하는 존재가 인간이라고 합니다. 우리는 그렇게 제멋대로 행동을 하고 나서는 이를 나중에 합리화시켜 버리는 일을 반복하고 있다는 것입니다.

예를 들어 당신이 무심코 내뱉은 한마디 말에 어떤 이가 얼굴을 찌푸렸다고 해 볼까요. 당신이 상대방의 태도에 무덤덤한 성격, 즉 무덤덤한 인지를 가진 사람이라면 대수롭지 않게 여기고 넘어갈 일입니다. 반면 당신이 매사에 예민한 스타일이라면 상대방의 찌푸린 얼굴이 하루 종일 뇌리에 남아 당신으로 하여금 별에 별 생각을 다하도록 괴롭힐 수도 있습니다. 똑같은 일을 당해도 사람마다 반응이 가지각색인 것입니다.

아들러는 이럴 때 감정을 조절하려는 모든 노력은 부질없는 짓이라고 이야기합니다. 앞서 살펴보았듯이 감정은 타고나는 것이기 때문입니다. 우리가 조절할 수 있는 성격의 것이 아닙니다. 감정은 라이프스타일(성격 혹은 인지)에 의한 '배설물'에 지나지 않습니다. 배설물을 조절한들 무엇이 바뀌겠느냐는 것입니다. 대신에 아들러는 라이프스타일을 바꿈으로써 자연히 감정도 바뀐다는 것을 깨달으라고 조언합니다. 라이프스타일이란 대상을 받아들이는 방식 및 인지의 핵심을 이루는 기본적 신념입니다. 앞서 살펴봤듯이 인간은 상대방의 언행이나 어떤 사건이라는 자극에 직접적으로 반응하는 것이 아닙니다. 자극과 반응 사이에는 그 사람이 받아들이는 나름의 방식, 즉 인지가 있습니다. 그러므로 바로잡아야 할 것들은 상대방이 아니라 바로 나 자신입니다.

동양의 심리학이자 철학이라고 할 수 있는 사주명리학에서도 한 사람이 운명적으로 부여받은 사주를 이렇게 바라보고 그 운명을 가장 효율적으로 운용하는 방법을 알려줍니다. 실례로 우리나라 전설 속 3대 역술인 중 한 명으로 전직 대통령은 물론 국회의원, 장관, 재벌 등 사회지도층 인사들이 줄을 서서 찾았던 제산 박재현 선생의 경우 한 사람의 사주를 분석해 그에 맞는 라이프스타일을 권함으로써 운기를 보강하는 법을 알려준 것으로 유명합니다. 아들러가 그러했듯이 모든 문제의 원인이 나 자신에게 있으니 내가 어떤 사람인지를 알고 나의 한계를 넘어서는 것이 최고의 운명극복법이라고 여긴 것입니다.

삶이라는 예술, 예술이라는 삶

삶은 그렇게 그 자신을 극복해나갈 때에만 유지될 수 있는 것입니다. 니체의 말마따나 초극을 멈추는 순간 삶은 사라집니다. 니체는 그래서 자라투스트라의 입을 빌어 "이 세계는 권력의지 이외에 다른 것이 아니다"라고 말합니다. 니체에게 있어서 인간이란 극복되어야만 하는 존재, 즉 스스로 완성을 향해 끊임없이 노력해야 하는 불완전한 존재인 동시에 바로 그 점 때문에 더할 나위 없이 능동적이고 창조적인 존재일 수 있었습니다. 끝없이 자기 자신을 넘어서는 과정에서 자신의 삶을 하나의 예술작품으로 만들어가는 예술적 창조자가 바로 인간이기 때문입니다.

인문학자 이수영은 《미래를 창조하는 나》에서 니체의 권력은 '능력'과 비슷한 말이라고 정의합니다. 돈이든 정치 권력이든 군사력이든 이런 권력은 우리가 죽으면 사라지는 것들인데 반해 우리가 태어나면서부터 가지고 있는 능력이 있음을 생각해보라는 것입니다. 이수영은 이것이 사유와 신체의 능력이라고 이야기합니다. 사유 능력의 고양이란 지식이 아니라 지혜를 터득하는 것으로 지혜를 터득하면 할수록 신체도 더 고귀해진다는 것입니다. 사유와 신체는 그렇게 함께 움직이는 것으로 사유가 신체보다 더 뛰어나지도 신체가 사유보다 더 천박하지도 않다는 것이지요. 진화론적으로 봐도 우리의 신체는 수백만 년의 지혜를 가지고 있지 않냐는 이야기입니다. 이런 관점에서 보면 어떤 경전도 우리의 육체보다 오래 되지는 못했다는 것입니다. 그래서 삶은 그 자체로 충분하며 우리는 우리 자신을 믿어야 한다고 이야기합니다.

실례로 우리의 삶에 있어서 가장 중요한 선택 중 하나인 배우자를 고르는 과정에서 전적으로 우리가 의존하는 판단의 기준은 고작 '체취'에 불과합니다. 냄새로 자신에게 가장 적합한 짝을 찾는다는 것은 그야말로 직관적이고 본능적인 '감'에 의존해 인생의 가장 중요한 결정을 내린다는 것과 같은 이야기일 것입니다.

평생을 행복하게 함께 할 수 있는 배우자를 찾는다는 것을 생물학적으로 보면 자신과 다른 면역시스템을 가진 사람을 찾는 일인데, 쥐와 같은 짐승들에게 있어서나 사람에게 있어서나 이것은 '체취'를 통해 인식된다고 합니다. 스위스 베른 대학의 클라우스 베데킨트Claus Wedekind 교수가 여성들에게 땀에 젖은 티셔츠 여러 장을 주고 냄새를 맡게 한 뒤 가장 끌리는 것을 선택하도록 한 실험에서 여성들이 자신과 다른 면역시스템을 가진 남성이 입었던 티셔츠를 선택한다는 연구 결과가 그 좋은 예입니다.

체취가 어떻게 면역체계를 반영하는지는 아직 규명되지 않았지만 여성들이 자신과 다른 면역체계를 가진 배우자를 선택함으로써 건강한 후손을 낳을 가능성을 높이는 쪽으로 선택한 것만은 반복된 실험을 통해 증명된 사실입니다. 이 같은 아이디어를 활용한 '유전자 짝짓기 업체'들이 미국과 스위스에 등장하기도 했는데 이들은 남녀의 유전자를 분석해 두 사람의 면역시스템이 얼마나 일치하는지 비율을 알려준다고 합니다. 불일치하는 비율이 높을수록 좋은 커플이 될 가능성이 높다는 과학적 증거를 바탕으로 한 것입니다.

인생의 가장 중요한 결정이
냄새 때문에 내려집니다

클라우스 베더킨트

뇌를 연구하는 학자들도 인간의 두뇌 자체가 지난 수백만 년 동안 진행되어온 진화의 박물관이라 할 수 있음을 밝혀냈습니다. 갓 태어난 아기의 두뇌가 자라나는 과정은 지난 수백만 년 동안 진행되어온 두뇌의 진화과정과 거의 비슷하다는 것이 그 증거 중 하나입니다. 그러니 우리 모두는 이처럼 어마어마한 역사를 통해 축적된 정보 그 자체라고도 할 수 있을 것입니다.

그런데 자라투스트라의 말처럼 우리 자신을 믿는다는 것은 결코 타고난 대로 살아가라는 뜻이 아닙니다. 유전자는 우리의 운명이 아니기 때문입니다. 과학자들은 유전자를 통해 전달되는 DNA의 청사진이 태어날 때 고정되어버리는 것이 아니라는 사실을 발견했습니다. 영양 공급, 스트레스, 감정 등 환경적 영향에 따라 기본적인 청사진을 바꾸지 않고도 유전자를 변화시킬 수 있었기 때문입니다. 그리고 이러한 변화가 이중나선에 의해 DNA 청사진이 전달되는 것만큼이나 분명히 후손들에게 전달된다는 사실도 발견했습니다. 몇몇 용감한 과학자들이 오랫동안 멸시당해온 진화학자인 장-바티스트 드 라마르크Jean-Baptiste Lamarck를 다시 거론하기 시작한 까닭이 여기에 있었습니다.

라마르크는 환경적 영향 때문에 획득한 성질이 후손에게 전달된다고 믿은 사람입니다. 예를 들어 높은 가지에 걸린 잎을 뜯어먹기 위한 의지가 진화에 반영돼 기린의 목이 길어졌다는 것입니다. 이러한 획득형질의 유전은 하버드 대학의 심리학자 윌리엄 맥두걸William McDougal에 의해 실험으로 증명되기도 했습니다. 그는 보상과 처벌 방법으로 쥐에게 미로를 헤어 나오는 기술을 가르친 다음 이들 쥐를 교미시켜 다음 세대의 쥐를 얻어 미로훈련을 시켰는데 놀랍게도 이 신세대 쥐들은 이전 세대보다 학습이 빨랐습니다. 마찬가지로 얻은 그 다음 세대의 쥐는 더욱 빨리 학습 능력을 획득한다는 결과를 얻은 것입니다.

훗날 케임브리지 대학 생화학 박사 출신의 루퍼트 셸드레이크Rupert Sheldrake는 이를 '형태장'이라는 눈에 보이지 않는 우주의 정보기록 시스템으로 설명했습니다. 미로를 헤쳐 나오는 기술을 습득한 쥐의 패턴이 시공을 초월한 형태장으로 남아 다음 세대의 쥐가 이를 통해 과거의 기억을 갖게 된다는 것입니다.

이와 같은 현상은 정신세계를 연구하는 학자들에 의해 '아카식 레코드Akashic Records'라는 용어로도 표현되기도 합니다. 우주의 도서관, 혹은 우주의 집단의식이라고도 불리는 일종의 파장형태의 기록을 말하는 것으로 과거부터 미래까지 우주상에 존재했던 혹은 존재할 모든 형태의 생명체들이 보관, 유지 하고 있던 정보들, 즉 기억, 지식, 경험, 인격 등과 우주의 법칙들이 아카샤Akasha라고 불리는 영역 주변에 일종의 파장 형태로 통합되어 기록되는데 이 기록들을 우주의 도서관, 즉 아카식 레코드라고 부른다는 것입니다. 융이 말하는 집단무의식이라고 불리는 모든 인류가 공통적으로 가지고 있는 가장 깊은 심층의식과도 비슷하면서도 훨씬 더 근원적이고 원형에 가까운 개념인 것이지요.

이처럼 우리가 권력의지를 추구한다는 것은 우리 자신으로 사는 동시에 우리 자신을 넘어서는 일이 아닐까 싶습니다. 이전의 작품에 만족하지 않고 계속해서 새로운 작품을 만드는 예술가처럼 말입니다.

내 안에 좀비있다

니체는 여기서 한 발 더 나아가 우리의 몸이 많은 영혼의 집합체일 뿐임을 깨달았습니다. 인간의 신체 안에는 자신의 고유한 법칙들에 복종하는 단 하나의 정신만 존재하는 게 아니었습니다. 신체 안에는 서로 힘을 겨루어 돌아가며 의식의 표면 위로 떠오르려고 하는 다수의 '정신들' 또는 '하위 정신들'이 존재한다는 것입니다.

실제로 과학자들이 밝혀낸 놀라운 진실 중 하나는 내가 나라고 여기는 자아가 허상에 불과하다는 것입니다. 공포 영화에 등장하는 의식이 없는 독특한 존재인 좀비가 그러하듯 우리 뇌에는 '좀비 모듈'이란 것이 있다고 합니다. 뇌에는 20여 개의 회로가 있는데 이 중 몇몇 모듈이 하는 일은 어느 정도 그 실체가 드러난 바 있습니다. 예를 들어 언어 담당 모듈은 의식과 연결되어 있습니다. 반면 대다수의 모듈은 우리가 알아채지 못하는 사이에 임무를 수행합니다. 그래서 좀비 모듈이라 불린다는 것입니다.

DNA 구조를 공동으로 발견한 프랜시스 크릭Francis Crick은 나중에 의식의 수수께끼를 탐구했는데 그가 뇌의 모듈을 가리키기 위해 '좀비'라는 명칭을 처음 사용한 것으로 알려져 있습니다. 좀비가 뜻하는 바는 명확합니다. 만약 우리가 어떤 물체를 향해 손을 뻗고 물체를 잡아서 어딘가로 옮길 때 이 모든 동작을 그런 좀비 같은 회로가 통제한다는 것입니다. 우리가 우체통에 편지를 넣을 때 우리의 동작을 전혀 의식하지 않아도 됩니다. 이런 단순한 행동은 완전히 무의식적으로도 해치울 수 있습니다. 우리는 우리가 통일된 인격체로서 이런저런 행동을 하거나 하지 않는다고 알고 있지만 이러한 생각은 우리 뇌에서 실제로 벌어지는 일과는 무관하다는 사실입니다.

저명한 뇌 과학자인 동시에 철학 박사이자 의사인 빌라야누르 라마찬드란Vilayanur Ramachandran은 우리의 머릿속에는 우리의 본질과 확고하게 연결되어 있다고 할 만한 것이 없다고 단언합니다. 우리 각자가 '나'라고 부르는 자아가 없다는 말입니다. 우리가 자아나 그 비슷한 것을 감지한다면 그것은 그저 착각일 뿐이라고 합니다. 우리 몸에 대한 관념만 해도 몹시 불안정하다는 사실이 다양한 실험과 실제 환자들의 사례를 통해 증명된 바 있습니다. 정신적 과정의 절대다수는 좀비에 의해 완전히 무의식적으로 처리되기 때문에 우리를 움직이는 것은 자아가 아닙니다. 오히려 두개골 안에서 일어나는 복잡하게 뒤얽힌 과정이 우리를 움직이는 것입니다.

철학자 데이비드 흄David Hume은 그래서 "자아는 환상에 불과하다"고 말했습니다. 자아라는 개념은 아주 실용적이기 때문에 유용할 뿐이라는 것입니다. 내 손, 내 아내, 내 자식들, 내 자전거가 '나', 곧 자아에 속한다고 전제하면 삶이 더 간단해진다는 것이지요. 이것이 내 머릿속의 온갖 회로와 어떤 복잡한 방식으로 연결되어 있을까하는 문제를 매번 고민한다면 삶이 얼마나 복잡하겠냐는 것입니다.

라마찬드란 또한 '자아라는 관념이 없으면 우리는 금세 마비될 것이다'라는 생각은 일리가 있더라도 어쨌거나 자아는 여전히 상상임을 강조합니다. 뇌가 만들어낸 덧없고 비극적인 구성물일 뿐이란 것입니다.

이런 이야기를 유전자의 관점에서 보면 "닭은 달걀이 더 많은 달걀을 만들어 내기 위해서 제작해낸 기계일 수 있다"는 영국의 극작가 새뮤얼 버틀러Samuel Butler의 말이 결코 농담이 아님을 깨닫게 됩니다. 저명한 동물행동학자인 최재천 교수는 그래서 DNA의 존재에 대해 배우고 난 후

염세주의와 허무주의의 늪에 빠져 허우적거렸음을 고백합니다.

유전자의 관점에서 생명을 바라보면 태초의 생명의 늪에서 우연치 않게 자기를 복제할 줄 알았던 어떤 화학물질이 - 우리가 DNA 아니면 RNA라고 부르는 유전물질로 할 줄 아는 거라곤 자신과 똑같이 생긴 화학물질을 똑같이 복제하는 일 뿐인 - 태초부터 지금까지 끊임없이 생명실험을 반복해 온 것이 지구 생명의 역사라고 할 수 있기 때문이지요. 우리는 한계성을 지닌 객체지만 유전물질은 계속 이어집니다. 생명은 그렇게 한계성 조직이지만 전체로 볼 때는 영속성을 지니는 것입니다. 그러므로 현 지구에 존재하는 이 많은 생물들은 사실 따지고 보면 전부 조상은 하나인 셈입니다. 최재천 교수는 이렇게 DNA가 나를 다 조종하고 있는데 내가 뭐하러 열심히 살아야 하나 싶어 고민했다고 합니다. 그런데 끊임없이 책을 읽고 연구하고 고민하다보니 그 고개를 넘을 수 있었답니다. 모든 자연 현상을 유전자의 관점에서 설명을 하면서도 유전자의 폭력에 항거할 수 있는 게 인간이라는 리처드 도킨스Richard Dawkins의 말처럼 DNA의 존재를 알아냈다는 것 자체가 대단하다는 생각이 들었기 때문입니다.

동물 중 유일하게 앎을 추구하는 인간은 끊임없이 새로운 걸 알아가는 과정을 경험하는 존재입니다. 이렇게 알아낸 인류의 모든 지식들은 모두 책 안에 담겨 있으니 책을 통한 배움이 중요함을 알았다고 합니다. 결론적으로 우리는 DNA와 상관없이 인생을 즐겁게 살면 그만이지 않을까 싶더랍니다. 우리가 삶을 포기하더라도 DNA의 실험은 계속될 것이니 우리는 그저 한바탕 신나게 즐기고 가는 것 뿐입니다. 불교에서 해탈이라는 걸 이런 걸 가지고 이야기하는 게 아닐까 하는 생각도 들었다고 합니다.

실제로 유전자라는 생명의 본질이자 영원회귀의 핵심이 되는 개념을 불교적으로 풀면 '업'이라고 볼 수 있습니다. 업은 산스크리트어 '카르마Karma'를 번역한 것으로 활동, 일, 행위, 행동으로 번역됩니다. 인간이 행하는 모든 말과 행동 그리고 생각을 통칭해서 업이라고 부르는 것입니다.

업의 원리는 간단합니다. 한마디로 '그 씨앗에 그 열매'라는 것으로 열매의 성질이나 맛은 심어진 씨앗에 따라 천차만별일 것입니다. 모든 생명체는 자신의 DNA를 후대에 전달하기 위한 진화를 거듭한 끝에 오늘날의 모습을 이루었는데 그야말로 무량겁의 세월동안 차곡차곡 DNA라는 유전자 지도에 엄청난 양의 정보를 쌓아온 셈입니다. 정보가 인간을 비롯한 모든 생명체를 구성하는 근간임은 과학적으로 밝혀진 사실입니다. 그러므로 생명체의 모든 행위, 즉 업은 DNA 지도에 낱낱이 기록되며 따라서 일단 이루어진 업은 그 결과를 피할 수 없는 것입니다. 그것은 그냥 소멸되지 않습니다. 언젠가는 반드시 그것을 행한 사람에게 나타나게 된다는 것이 우주의 법칙이기 때문입니다. 그렇다면 어떤 업을 짓는 삶이 좋은 삶일까요?

업에는 '선'과 '악'의 구분이 없습니다. 기준은 오로지 어떤 종류의 업이든 그 업이 자기에게 이로운 것인지 남에게 이로운 것인지로 구분될 뿐입니다. 남에게 이로운 일을 많이 할수록 '좋은 업'을 짓는 일이고 좋은 씨앗을 뿌리는 것이며 결과적으로 자신에게도 이로운 일이 됩니다. 반면에 자신에게만 이로운 일을 쫓는다면 악업을 쌓을 확률이 높아집니다. 진화의 관점에서도 생물종을 넘어선 '협력'과 '상호작용'을 통해 태초의 단세포 생명체들이 오늘날의 인간과 같은 다세포 생명체로 진화했다는 것이 현대의 과학자들이 밝혀낸 진화의 역사이자 실체입니다. 오늘날의 진화된 인류는 한때 단세포 생명체였지만 각각의 세포들이 '공동체'를 형성해 정보를 공유하고 서로의 행동을 상호 조절하는 방식을 택했습니다. 그것만이 단세포의 생존확률을 높였기 때문입니다. 이렇게 세포가 한데 모여 공동체를 형성하면서 새로운 질서가 필요해졌는데 그 결과 인간을 포함한 포유류의 다세포 생명체가 탄생한 것입니다.

이와 똑같은 주장을 벌써 몇 천 년 전 인도의 현자들이 했다는 사실도 주목할 만합니다. 현자들에 따르면 인간은 자신이 개별적인 영혼을 가졌다는 그릇된 믿음 때문에 고통을 겪습니다. 이 환상을 '마야'라고 합니다. 깨달음에 이르는 길은 자아라는 매혹적인 거짓을 꿰뚫어보고 자신과 우주가 하나임을 알아채는 것입니다.

니체가 이야기하는 '초인'은 그래서 나라는 환상, 나라는 자아를 넘어서 진짜 내가 되는 법입니다. 우리가 자아라고 여기는 것이 결코 내가 아니기 때문입니다. 이쯤 되면 "이거 어디서 많이 듣던 소리 같은데?"하고 의아해 할 독자들이 많을 것입니다.

그렇습니다. "하늘 아래 새로운 것은 없다"는 말처럼 니체의 '초인'은 하늘에서 뚝 떨어진 새로운 깨달음이 아닙니다. 니체를 '유럽의 붓다'라고 정의내리는 니체 연구자들의 말마따나 니체의 생각들은 수천 년 전 붓다의 그것과 쌍둥이처럼 닮아 있습니다.

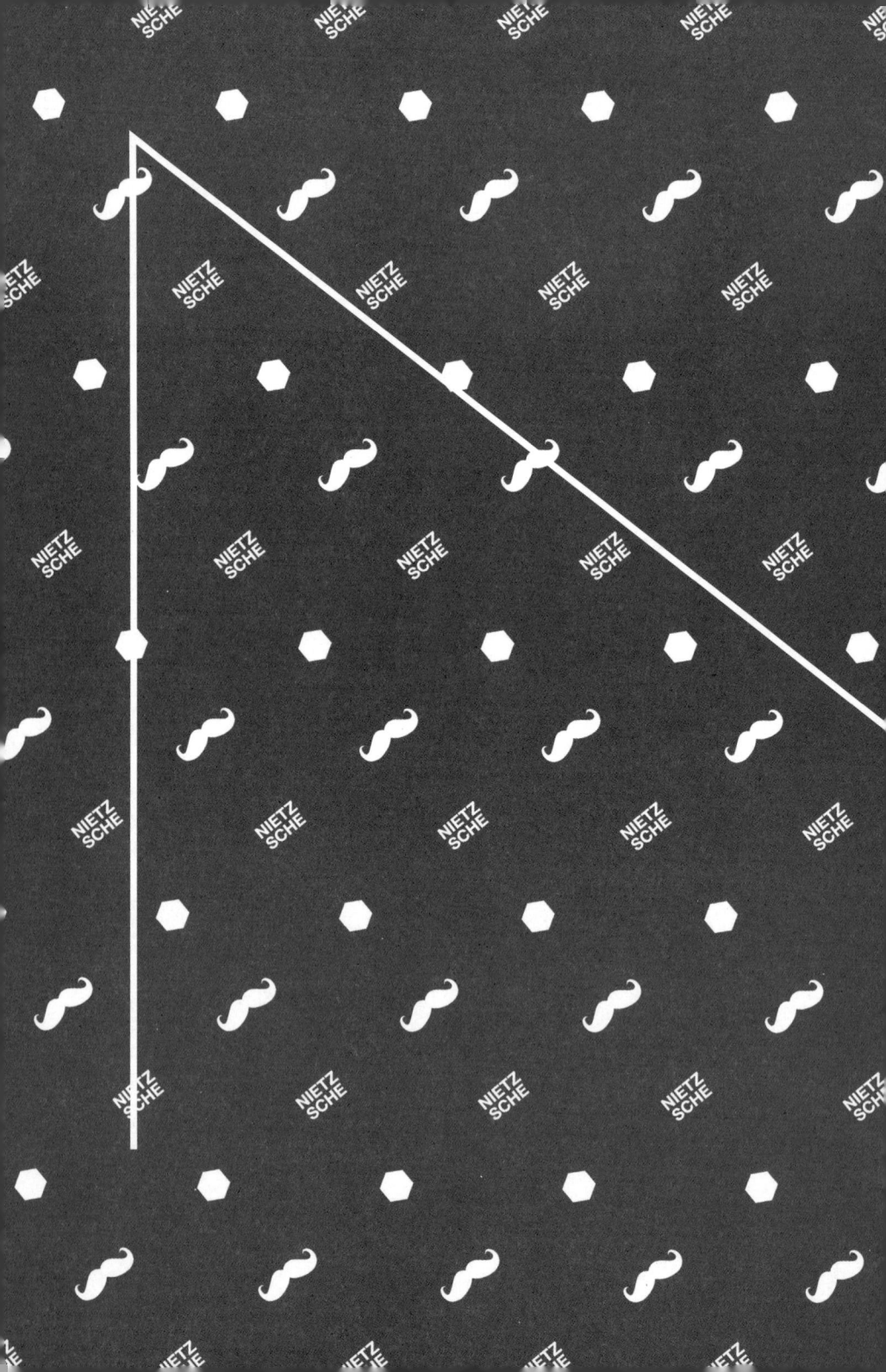

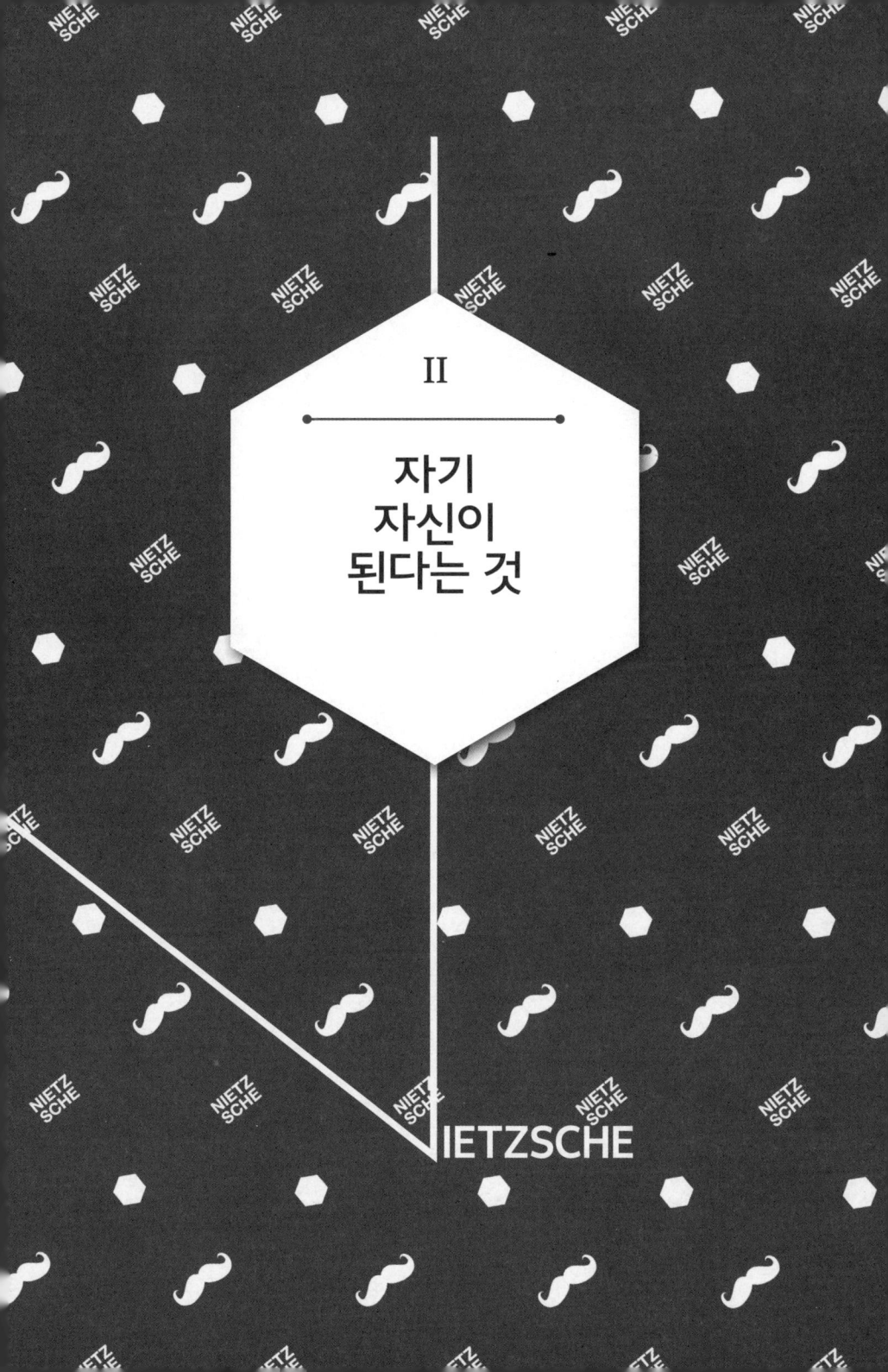

II
자기 자신이 된다는 것

니체는
유럽의 붓다다

**니체와 붓다,
시대를 넘어선
혁명가들**

"나는 유럽의 붓다가 될 수 있을 것이다. 이는 물론 인도의 붓다와는 다르겠지만."

니체는 《유고》에서 이렇게 말합니다. 심연의 가장자리를 넘나들다 미쳐버린 '망치의 철학자'이자 오늘날까지 그 논쟁적인 난폭성으로 유명한 니체와 자비와 관용의 아이콘인 붓다처럼 안 어울리는 기묘한 조합이 또 있을까요?

그런데 놀랍게도 난해하기 짝이 없는 니체 사상의 정수는 니체가 스스로를 붓다라고 칭한 이유를 들여다볼 때만이 수수께끼가 풀리듯 해결된다는 것이 니체 연구자들이 밝혀낸 니체의 본모습입니다. 이를 이해하기 위해서는 먼저 우리가 붓다에 대해 생각할 때 가지게 되는 오해와 편견부터 바로잡아야 합니다. 붓다는 불교라는 한 종교의 창시자이기에 앞서 위대한 가치전복의 선구자였다는 점부터 살펴볼까요.

붓다라는 명칭 자체가 '깨달음을 얻은 자'를 지칭하는 보통명사라는 점은 과거에도 현재에도 미래에도 수많은 붓다가 존재해왔으며 존재할 것임을 뜻합니다. 일본 현대 지성을 대표하는 철학자이자 종교학자인 나카자와 신이치는 그래서 불교를 한마디로 정의하면 '종교가 아닌 종교'이자 '종교를 초월하고자 하는 종교'라고 이야기합니다. 다른 종교의 창시자들이 신의 목소리를 대변하는 전달자에 불과한 것과는 달리 붓다는 스스로가 붓다가 되는 셈이며 자신의 언어로 이야기하기 때문입니다. 더 나아가서 붓다는 제자도 노력하면 붓다와 동등해질 수 있다고 합니다. 일신교의 세계에서는 인간이 노력해서 신이 될 수 있다는 생각 자체가 불가능함을 볼 때 붓다의 이러한 면모는 과감하다 못해 무모할 지경입니다.

종교학자 오강남 교수는 저서 《불교, 이웃종교로 읽다》에서 불교가 이렇게나 과감할 수 있는 근본원인을 붓다의 성불로 상징되는 '깨침'의 경험에서 찾습니다. 영국의 불교학자 험프리Christmas Humphrey가 '불교의 태반이요 심장이요 그 존재 이유'라고 정의했으며 세계적인 신화학자 조셉 캠벨Joseph Campbell이 '동양 신화 중에서 가장 중요한 순간'이라고 말한 붓다의 깨침, 즉 성불체험은 불교의 알파와 오메가라고 할 수 있는데 이는 누구나 '의식의 변화'를 통해 새로운 사람으로 거듭날 수 있음을 뜻하는 것입니다. 오강남 교수는 이와 같은 깨침을 '특수인식능력의 활성화'라고 개념 짓습니다. 누구나 날 때부터 가지고 있는 능력이지만 특별한 계기가 없이는 활성화되지 않고 잠재되어 있는 무의식의 영역을 활성화시킨다는 뜻입니다. 이에 더해 오강남 교수는 의식을 연구하는 저명한 석학들의 설명을 예로 듭니다. 정신분석학자이자 사회심리학자인 에리히 프롬Erich Fromm이 지적했듯이 우리는 우리의 경험 중 극히 일부분만을 의식하고 살기 때문에 당연히 의식되지 않는 무의식의 영역이 훨씬 크다고 합니다. 이런 무의식 영역에 들어 있는 것들은 언어나 논리나 가치관 같은 '사회적 필터' 때문에 의식의 영역으로 올라올 수가 없습니다. 에리히 프롬이 보기에 불교의 참선은 이 필터를 얇게 하거나 제거하는 작업으로서 무의식을 의식으로 만드는 방법이라는 것입니다. 세계적인 심리학자 로버트 온스타인Robert Ornstein도 불교에서 이야기하는 '깨침'의 경험을 '우리 두뇌의 좌반구와 우반구의 기능이 균형을 되찾는 것'이라고 설명하며 참선을 이를 가능케 하는 방법으로 제시한 점도 주목할 만합니다.

좌뇌를 잃어버린 뇌과학자로 유명해진 하버드대의 질 볼트 테일러Jill Bolt Taylor 박사의 뇌졸중 체험 사례도 이와 같은 논의를 뒷받침하는 증거가 될 수 있을 것입니다. 30대 중반의 전도유망한 하버드의 뇌과학자였던 테일러는 어느 날 아침 침대에서 일어나 출근준비를 하려던 순간 자신이 뇌질환에 걸려 있는 것을 깨닫게 되었다고 합니다. 4시간이라는 짧은 시간동안 뇌출혈이 일어났고 그녀는 혼자서 그녀의 뇌가 정보 처리 능력을 완전히 잃어버리는 모습을 속수무책으로 지켜봐야 했습니다. 감각기관이 느껴야 할 어떤 자극도 느낄 수 없었으며 뇌 속에서 일어난 출혈 때문에 걷지도 말하지도 읽지도 쓰지도 못하는 장애인이 된 것이었지요.

놀라운 것은 그녀의 좌뇌가 피웅덩이 속에서 헤엄치고 있는 동안 좌뇌의 기능을 완전히 잃어버린 그녀는 고통 속에 몸부림쳤던 것이 아니었다는 점입니다. 그녀는 오히려 그 과정에서 불교에서 말하는 '열반'과도 같은 경지를 체험했다고 합니다. 평온한 행복감이 몰려와서 그녀를 포근하게 감싸 안았습니다. 마치 우주와 하나가 된 느낌이었다고 합니다.

좌뇌의 기능이 멈추자
마치 우주와 하나가 된 듯한
느낌이 들었습니다

질 볼트 테일러

한시도 쉬지 않고 과거와 미래를 오가며 계산을 멈추지 않는 좌뇌라는 수다쟁이가 사라지자 단일하고 견고한 실체였던 그녀의 자아상 자체가 바뀌어버렸답니다. 그녀가 지각할 수 있는 것은 지금 여기 뿐이었습니다. 그녀는 스스로의 몸조차도 지각할 수가 없었습니다. 인지능력이 상실되자 자신의 몸의 경계가 어디서 시작되고 끝나는지를 구분할 수 없었다는 것입니다. 그녀는 자신의 에너지가 주위의 에너지와 섞여들면서 늘어나고, 스스로를 거대한 우주만큼이나 시작과 끝이 없는 존재로 느끼게 되었음을 이야기합니다.

구사일생으로 병원에 실려가 10여 년간의 재활 치료 끝에 건강을 되찾은 테일러 박사는 현재 뇌졸중 덕분에 깨달은 우리 뇌와 자아에 관한 신비를 연구하며 활발한 강연 활동을 펼쳐 나가고 있습니다. 그녀는 말합니다.

"우리는 매 순간 어떻게 반응할지 무의식적으로 선택한다. 태어날 때부터 오랜 진화과정을 통해 물려받은 변연계 덕분으로 우리는 미리 프로그래밍된 반응의 패턴에 익숙해져 자동 조정 장치에 우리의 삶을 맡겨버리기 쉽다. 뇌졸중을 겪기 전 하버드의 뇌박사로 살아온 동안 나는 내 자신이 뇌의 산물이라고 여겼다. 그래서 내가 어떻게 느끼고 무엇을 생각하는지에 대해 결정권이 없는 줄로만 생각했다. 결정권이 있다고 생각하는 것은 착각에 지나지 않는다고 배웠다. 이를 뒷받침하는 너무도 많은 실험결과들이 존재했다. 그런데 막상 뇌졸중에 걸려 좌뇌의 기능을 완전히 잃고 나자 '자아'라는 것과 내가 가진 '의식'이 어떻게 작동하는가에 대해 완전히 새로운 체험을 할 수 있었다. 잘 알려져 있듯이 나에게 내가 누구이고 어디 사는지를 끊임없이 일깨워주는 세포와 회로가 망가지면, 즉 좌뇌가 망가지면 나 자신에 대한 개념이 완전히 바뀐다. 마치 컴퓨터가 단어를 처리하는 프로그램이 망가지면 그 기능을 실행하지 못하는 것과 같다. 그런데 그게 다가 아니었다. 좌뇌가 고장나고 보니 나 자신이 전에 생각했던 것처럼 단일한 마음을 가진 존재가 아님을 절실히 깨닫게 되었다. 우리의 의식은 세포들의 작용이 만들어내는 집단적 의식이며 양측 반구가 서로를 보완하면서 세상에 대한 단일하고 매끈한 지각을 만들어내는 것은 맞다. 그런데 놀랍게도 이 양측 반구는 끊임없이 주도권을 놓고 경쟁을 벌이는 존재다. 자아가 잘 형성되었다는 것은 바로 이 양측 반구를 잘 다스려 뇌의 양쪽 능력과 개성을 어떻게 잘 조절하고 북돋워 좋은 방향으로 승화시키느냐에 달려 있는 것이다."

선불교를 서양에 소개한 스즈키 다이세쯔가 '깨침'의 경험을 사물을 보는 새로운 관점을 얻는 것, 삶과 세계의 진실성 및 아름다움을 새롭게 인식하는 것이자 내적 삶의 전 체계를 뒤집어엎고 지금까지 꿈꿔 보지도 못했던 세계를 열어 주는 기적이라고도 말한 바 있듯이 테일러 박사는 바로 그런 체험을 뇌졸중을 통해 했던 것은 아닐까요? 그렇다면 이러한 깨침을 통해 우리가 도달할 수 있는 궁극적인 경지란 어떤 것일까요?

'안락'으로의 초대

불교는 이에 대해 '안락'을 이야기합니다. 불교를 한 마디로 정의한다면 안락을 얻기 위한 올바른 가르침이라 할 수 있다는 것입니다. 일본 현대 지성을 대표하는 학자들로 손꼽히는 가와이 하야오와 나카자와 신이치의 대담집인《불교가 좋다》에서 나카자와 신이치는 불교가 지향하는 궁극의 목표인 안락에 대해 다음과 같은 설명을 내놓습니다.

'안락'을 티베트어로 '데와'라고 하는데 이는 '극락(데와첸 = 커다란 나)'이라는 단어를 처음부터 의식한 말이라고 합니다. 모든 생물은 안락해지고 싶어합니다. 하지만 안락해지기 위한 올바른 방법을 모르기 때문에 고통에서 벗어날 수 없습니다. 그래서 불교는 진정으로 안락해지기 위한 올바른 길을 가르친다는 것입니다. 요즘 영어가 가능한 스님들은 안락을 Happy로 번역하기도 하는데 나카자와 신이치가 보기에 본래 어감을 생각하면 오히려 Relax와 같이 힘을 뺀 듯한 편안한 단어가 그 의미에 더 어울리는지도 모른다고 이야기합니다.

불교에서는 생물들이 안락을 얻는데 실패해가는 모습을 계속 열거하는데 미생물을 비롯해 초식동물부터 육식동물까지 어떤 동물이든 고통에서 벗어나 안락을 얻고 싶어 하지만 그러질 못하는 현실을 살펴봅니다. 예를 들어 거대한 먹이사슬 안에서 모든 생명체들은 배불리 먹어 안락해지기 위해 다른 동물을 죽입니다. 그러나 배가 불러 안락한 상태도 한순간일 뿐 또다시 배가 고파져 사냥을 시작해야 한다는 것입니다. 게다가 어떤 생물이든 나이를 먹게 마련이라 죽음도 피할 수 없음은 물론입니다. 제아무리 사자라도 나이를 먹어 힘을 잃고 쓰러지면 하이에나같이 썩은 고기를 먹는 동물의 먹이가 되고 말기에 동물들에게는 어떻게 하면 진정한 안락을 얻을 수 있을 지를 생각할 만한 '여가'가 없다고들 한다는 것입니다.

나카자와 신이치는 불교에서 인간으로 태어났기에 누릴 수 있는 멋진 혜택으로 먹이사슬을 벗어난 덕택에 불안이나 고통이 줄어들었다는 것과 진정한 안락을 얻기 위해서 어떻게 해야 하는지를 생각할 수 있는

인간만이 진정한 안락을 얻기 위해
어떻게 해야 할지를 생각할 수 있는
'여가'를 얻었지요

나카자와 신이치

'여가'를 얻었다는 점을 든다고 설명합니다. 문제는 대부분의 사람들이 그렇게 주어진 여가를 제대로 이용하지 못하는 현실입니다. 더 많은 돈이 있었으면 해서 악착같이 일하고 좀 더 나은 지위를 바라며 학교나 회사 안에서 정치활동에 온갖 정열을 쏟고 더 많은 명예를 얻으려고 훈장을 좇아 시간을 낭비하는가 하면 그렇지 않아도 레벨이 낮은 안락을 즐기기 위해 쓸데없는 타인의 소문에 귀를 기울이거나 오락에 빠져들거나 한다는 것입니다.

왜 이런 시간낭비를 하는 것일까요?

나카자와 신이치가 보기에 불교가 우리에게 묻는 궁극적인 질문은 이것입니다. 그리고는 자신의 인생을 차분히 반성해보고 모처럼의 여가를 자신이 얼마나 헛되이 낭비하는지를 생각하도록 해준다는 점이지요. 예를 들어 아무리 맛있는 것을 먹어도 혀 위를 지나가는 극히 짧은 순간에만 맛볼 수 있는 덧없는 안락에 불과하며 멋진 애인과 나누는 즐거운 대화도 시간의 흐름과 더불어 퇴색할 것이라는 사실 그리고 돈이나 훈장도 환영일 뿐 그런 것은 결코 진정한 안락을 우리 생물에게 주지 않는다는 설명입니다. 나카자와 신이치는 불교가 이를 윤리적으로 몰아붙이는 것이 아니라 "자신의 인생에서의 득실을 천천히 생각해보세요"라고 말하는 셈이라며 따라서 불행이라는 표현도 쓰지 않는다고 설명합니다. 사람들이 '행복'이라고 하는 것은 대부분 진정한 안락을 제공해주지 않는 것으로 취급하므로 전부 실격이기에 안락을 Happy로 번역한 스님은 그래서 현세의 안락을 Pleasure라고 비난한다고 합니다. Pleasure 안에 머물러 있으면 찰나적일뿐더러 생물이라는 조건에 너무 구속받아 도저히 진정한 안락에 이르지 못한다는 이야기입니다. 그렇다고 죽으면 끝일까요?

죽는 순간 누구나 잠시나마 안락해지는 것은 분명하지만 인생이 고통스럽다는 이유로 자살을 하면 고통의 근본 원인을 소멸할 수 없게 된다고 합니다. 또 다시 카르마가 더해져 전보다 더욱 더 고통스러운 생명으로 태어나게 될 가능성만 커진다는 것입니다. 인생이란 신이 내린 것이 아니라 카르마가 모여서 만들어진 자율체이기 때문에 자살했다고 해서 생명을 준 신에게 죄를 짓는 것은 아니지만 자살을 하면 손해를 본다는 생각입니다. 불교는 그래서 '이런 법칙에 의해 모든 것이 진행되므로, 그 법칙을 잘 이해해 손해를 보지 않게끔 해서 우리 모두 제대로 대락에 도달하도록 합시다'와 같은 식으로 자율적인 삶을 선택하도록 설득하는 가르침을 펼친다는 것입니다. 나카자와 신이치는 그래서 불교야말로 진정한 안락을 얻는 방법을 친절하고도 과학적으로 설명해주는 종교라고 평가합니다.

예술을 할 줄 알아야 인간이다

고대 그리스 시대의 철학자 아리스토텔레스도 붓다와 비슷한 생각을 했던 것 같습니다. 아리스토텔레스에게 인간적인 삶이란 기본적으로 일을 하지 않는 삶이며 땅과 노예 등의 재산을 소유하지 않는 것이었습니다. 오늘날 현대인들의 입장에서 볼 때는 도저히 받아들이기 힘든 조건이 아닐 수 없을 것입니다. 하지만 고대 그리스인들은 정말로 그런 식으로 살았던 것 같습니다. 오늘날 우리가 '일'을 자신의 정체성이자 '자아' 그 자체로 여기며 사는 것과는 정반대의 삶이었지요. 노예가 노동의 전부를 담당하던 고대 사회에서 일은 삶의 본질과는 거리가 멀었던 것입니다. 이런 경향은 학문적인 영역에서도 나타나는데 그리스인들은 실용적인 응용과학보다 순수과학을 더 선호했으며 이는 그들이 육체적인 일보다는 정신적인 일, 더러운 일보다는 깨끗한 일을 선호했음을 알 수 있습니다. 이러한 전통이 현대의 우리들에게까지 영향을 미치고 있는 것도 부인할 수 없는 사실이지요.

이쯤 되면 당시의 고대인들이 일 대신에 무엇에서 삶의 행복이나 인간으로 살아가는 즐거움과 의미를 찾았을지 궁금해지지 않을 수 없을 것입니다. 아리스토텔레스는 불교와 마찬가지로 '여가'를 생활의 중심으로 놓고 제대로 즐길 줄 알아야만 인간이 행복할 수 있다고 주장했습니다. 반대로 대다수의 현대인들이 일생의 거의 대부분의 시간을 할애하고 있는 '일'이란 인간이 여가를 가지기 위해 해야 하는 '필요악'적인 성격을 가진 것으로 그렇기 때문에 가능하면 노예가 도맡아 해줄수록 좋은 것이었습니다. 이런 시대적 상황이 언어에도 반영된 결과 그리스어와 라틴어 그리고 스페인어에서 '일'이라는 단어는 '여가가 아닌 것'으로 정의되고 있으며 심지어 영어에서 여가를 뜻하는 레저Leisure는 '허락된다'는 의미의 라틴어 'Licere'에서 비롯되었는데 이것은 우리가 일을 멈추도록 허락되었을 때가 '여가'라는 것으로 해석됩니다.

오늘날 우리들이 여가라는 단어를 떠올릴 때 그동안 못 봤던 드라마 몰아보기나 실컷 게임하기 또는 요즘 가장 인기 있다는 영화 관람하기가 아니면 지중해의 어느 아름다운 바닷가에서 즐기는 모히토 한 잔의 여유를 떠올리는 것과는 달리, 아리스토텔레스가 그토록 사랑했던 여가는 '어떤 것을 그 자체로 즐기는 것'이었습니다. 좀 더 구체적으로 예를 들면 예술을 즐기는 것이 이에 해당됩니다. 그중에서도 음악에 대한 아리스토

어떤 것을
그 자체로 즐길 때
인간은 인간일 수 있습니다

아리스토텔레스

텔레스의 사랑과 열정은 대단했던 것으로 알려져 있습니다. 그래서 음악 교육을 무척이나 강조했다고 합니다. 음악은 놀이와 휴식을 가져오고 의미 있는 생활방식에 도움이 될 뿐만 아니라 올바른 방법으로 즐거움을 느끼는 버릇을 들여 성격까지 좋게 한다는 이유에서였지요. 즐거움과 행복을 주는 수단으로서 음악 그 자체를 높이 평가했을 뿐만 아니라 누구나 음악을 통해 일종의 탁월함을 간접적으로나마 경험할 수 있으므로 '영혼의 고양'을 이룰 수 있다고 주장했습니다.

현대에 와서도 음악만큼 전 세계적으로 사랑받고 있는 여가 활동은 없을 것입니다. 음악이 주는 다양한 효과는 오늘날의 과학자들도 증명하고 있는 것입니다. 음악은 우리가 평소에 경험하고 사용하는 뇌의 부위와는 전혀 다른 부위를 자극하는데 주로 영적이거나 종교적인 경험에 연결된 부위를 활성화시킨다고 합니다. 음악적 경험이 황홀하게 느껴지는 이유도 우리의 자아 혹은 에고가 잠시나마 없어지고 주변의 모든 사람과 내가 하나가 되는 느낌이라고 할 수 있습니다. 내 사고를 내가 의식적으로 통제하지 않은 채로 뭔가 다른 것이 생각을 이끄는 체험을 하게 되는 것입니다.

과학자들은 우리가 복잡한 패턴의 리듬이나 음높이를 들을 때 스스로를 통제할 능력의 일부를 포기하게 된다고 설명합니다. 이완 상태가 되고 그저 소리의 흐름을 따라가게 되는 것입니다. 음악에 굴복해서 스스로를 내맡긴다고도 볼 수 있습니다. 그래서 반쯤 잠들고, 반쯤 깨어 있는 상태로 빠져든다는 것입니다. 실례로 수만 명이 모이는 콘서트장에 가면 누구나 스스로에게서 빠져나가지만 다른 모든 사람들과 하나가 되며 따라서 어떤 끈이 생기는 경험을 합니다. 이것은 사람들에게만 국한된 이야기가 아닙니다. 들판이나 온실 속에 음악을 틀어주면 식물들이 더 빨리 자라며 농장의 동물들과 애완동물들도 음악에 반응을 보입니다. 젖소들의 경우 우유 짜는 곳에 음악을 틀어 놓을 때 더 많은 우유를 생산한다는 것은 잘 알려진 사실입니다.

음악의 기본요소인 집중과 듣기는 우리의 의식을 정상적인 감각적 한계를 초월하는 통합의 입구로 이끌기 때문에 훌륭한 명상법으로 활용되기도 합니다. 갑자기 전체 속으로 녹아드는 경험이 바로 우리가 우주의 부분이면서 동시에 전체임을 깨닫는 전일성의 체험이고 음악이 그 대표적인 방법 중 하나이기 때문입니다.

아리스토텔레스가 '음악은 인격을 형성하는 힘이 있으므로 청년을 교육하는데 이것을 도입해야 한다'고 한 것은 물론 플라톤이 '율동과 조화는 영혼의 내면으로 깊이 파고들기 때문에, 음악 교육은 다른 어떤 것보다도 유효한 수단이다'라고 이야기한 것도 모두 음악이 가진 이러한 특징들 때문이었습니다. 당시 음악의 일차적인 역할은 교육이었으며 고대 사회에서 교육이란 인격과 도덕의 함양을 뜻하는 것이었지요.

니체도 음악을 너무나 사랑한 나머지 음악을 '철학적'으로 표현해낸 인물이라 할 수 있을 것입니다. 니체로 하여금 허무하기 짝이 없는 삶 자체를 긍정하고 오히려 그런 삶을 축복으로 받아들여 운명애의 철학자로 자리매김하게 한 데에는 단연코 음악이 일등공신이었던 것 같습니다. 니체는 사람이라면 누구나 가지고 있지만 깨닫지 못하고 있는 자연과 합일되길 원하는 본능적인 힘이 존재하며, 그런 존재의 근원으로 향하는 충만한 기운을 느끼는 가장 손쉬운 방법으로 음악을 권했습니다.

예술의 영역 중에서 음악이 최고의 자리를 차지한다고들 하는 이유도 음악은 온몸으로 받아들이는 반응을 불러일으키기 때문입니다. 원래 시각보다 청각이 훨씬 감각을 수용하는 범위가 넓습니다. 니체는 걸핏하면 화를 내고 탐욕과 에고로 가득한 우리 같은 사람들로 하여금 음악을 우리들의 예외적인 상태를 보고 우리들의 숨겨진 진짜 모습을 보는 수단으로 삼기를 권유합니다. 니체에 의하면 우리는 관념과 상식으로 겹겹이 둘러싸인 채로 살아가느라 정작 위대한 내면의 나를 만나지 못하고 생을 마감하는 경우가 많은데 그럴수록 무의미한 삶은 영원히 반복될 뿐이라고 하지요. 이것은 동양에서 말하는 '윤회'의 개념과도 일맥상통합니다. 말 그대로 깨닫지 못하는 한 그 수준에서 그 자리만 맴맴 돈다는 것입니다. 이럴 때 음악을 통해 누구나 눈에 보이는 생활과는 완전히 다른, 황금빛으로 가득 차 있는 기적과 같은 시간들을 어렴풋이나마 엿보는 경험을 할 수 있다는 이야기입니다.

노예로 태어난다는 것

문제는 철학자들처럼 음악을 그 자체로 즐기기 위해서는 노동으로 점철된 삶으로부터 벗어나야 할 필요가 있다는 점입니다. 눈코 뜰 새 없이 바쁜 게 미덕으로 여겨지는 현대인들에게는 더더욱 그렇겠지요. 그래서 종교인들은 일을 하지 않고 살아가기를 택했는지도 모르겠습니다. 아리스토텔레스의 생각도 이와 같습니다. 그는 경제적 요구란 사람을 노예나 동물과 같은 수준에 놓는 것으로 여기고 육체노동은 정신을 상업적으로 이용하는 것과 마찬가지로 심리적 기형을 낳는다고 보았습니다. 시민은 노동하지 않고 소득을 얻어 여가를 즐기는 생활을 할 때만이 음악과 철학이 주는 높은 수준의 즐거움을 누릴 수 있다는 논리였지요. 또한 아리스토텔레스는 인간을

'정치적 동물'로 정의했기 때문에 시민들이 정치적 활동에 참여하는 동안 누군가는 생존을 위한 먹을거리를 마련하고 집안일을 돌봐야 했습니다. 그래서 필요한 것이 여성과 노예는 정치의 주체인 시민이 될 수 없다는 논리였고 언뜻 말이 되는 듯도 하지만 부당하기 짝이 없는 이 제도는 2,000년이 넘도록 지속되고 말았습니다.

아리스토텔레스의 노예제 지지는 일단 노예가 필요하다는 점과 어떤 사람은 정말로 뼛속까지 노예로 타고난다는 두 가지 근거를 들어 정당화되었습니다. 전자의 주장은 고대 그리스의 시대적 상황과 잘 들어맞았는데 후자의 주장이 조금 애매합니다. 어떤 사람은 노예로 태어난다는 것은 반대로 어떤 사람은 날 때부터 노예가 아니라는 이야기도 되기 때문입니다. 그렇다면 노예로 태어났어도 본래 성향은 자유인적인 사람에게 노예제도는 부당한 것이 됩니다. 반대로 자유인으로 살게 해준다고 해도 응하지 않고 노예처럼 주어진 대로 살아가기를 간절히 원하는 사람도 있을 수 있습니다. 안톤 체호프Anton Chekhov의 희곡 〈벚꽃동산〉에 등장하는 노예 피르스의 경우가 아마도 이런 주장을 뒷받침하는 좋은 예가 될 것입니다. 집안 대대로 농노로서 나고 자란 피르스라는 늙은 하인은 1861년 러시아에서 농노해방이 일어난 후에도 여전히 자유를 원하지 않습니다. 평생을 하인으로 살아왔기에 다른 삶은 생각해보지도 않은 피르스는 농노해방을 '불행'이라고 부를 정도입니다. 그저 옛날은 즐거웠고 모든 것이 다 제 위치에서 잘 돌아가고 있었다는 감상에 젖곤 하며 노예로서의 삶에 대한 문제제기라고는 없습니다. 아리스토텔레스는 아마도 피르스 같은 사람을 일컬어 노예근성을 가지고 태어난 사람의 표본이라고 생각했을 것 같습니다. 그런데 〈벚꽃동산〉의 마지막 장면에서 피르스는 모두가 떠난 무대 위에 드러누우며 이렇게 말합니다.

"살긴 살았지만, 도무지 산 것 같지가 않아…."

명화로 손꼽히는 〈쇼생크 탈출〉에서 감옥생활을 너무 오래한 나머지 출소가 곧 정체성의 상실을 의미하게 된 노인 브루스도 마찬가지 경우가 될 것입니다. 출소 만기일이 다가오자 차라리 동료를 살해하고 그 죄를 받아 감옥에 더 남겠다고 난동을 부리기도 했지만 결국에 브루스는 세상으로 나갑니다. 하지만 일생의 대부분을 감옥에서 시키는 대로 주어진 대로 살아왔던 브루스에게 난데없이 생겨난 자유는 오히려 더 큰 감옥이었습니다. 브루스는 결국 자살로 생을 마감하고 맙니다. 피르스가 〈벚꽃 동산〉의 마지막 장면에서 중얼거린 말처럼 살아도 산 것 같지 않았기 때문일 것입니다.

아리스토텔레스를 노예제 옹호자로 비판하는 건 쉬운 일입니다. 하지만 아리스토텔레스의 노예본성론을 가만히 살펴보면 오히려 아리스토텔레스야 말로 일과 인간의 본질을 정확히 꿰뚫어 보고 그 시대가 가진 한계에 잘 맞는 제도로서 노예제를 지지한 것이 아닐까 생각됩니다. 일상의 철학자 알랭 드 보통Alain de Botton의 저서 《일의 기쁨과 슬픔》에서 소개된 비스킷 공장의 사례만을 봐도 끊임없이 반복되는 단순 업무를 기계처럼 해내는 직원들의 모습은 현대판 노예와 다를 것이 없어 보이지만, 오늘날의 자유주의적 입장은 노동력과 임금이 자유롭고 공정하게 교환됐는가에만 초점이 맞춰져 있을 뿐입니다. 비스킷 공장의 노동자들이 느끼는 뭔지 모를 허탈함이 무엇인지를 설명해낼 수 있는 논리는 오히려 아리스토텔레스의 노예본성론입니다. 만약 매일 똑같이 반복되는 비스킷 포장 작업이 본성에 맞지 않는 노동자가 있다면 노예제가 부당하듯 그 일 또한 그나 그녀에게는 부당한 것입니다. 그러니 아무리 월급이 꼬박꼬박 잘 나오는 할 만한 일일지라도 하루 빨리 다른 직업을 찾아나서야 할 것입니다.

노동, 작업 그리고 행위

노예로서의 삶에 대해 심각하게 고민하고 그 탈출구를 제시한 저명한 정치철학자 한나 아렌트Hannah Arendt의 이야기도 주목할만합니다. 한나 아렌트는 세계적인 명작으로 손꼽히는 저서《인간의 조건》에서 인간으로 활동하며 살아가기 위한 조건을 다음의 세 가지로 정의했습니다. 바로 노동, 작업 그리고 행위입니다. 근대화를 겪으며 노예가 없어지고 신분제도가 폐지되었지만 그 반대급부로 인간의 삶 자체가 노동으로 전락한 것이 아닌가하는 문제의식에서 시작된 연구의 결과물이었지요.

아렌트가 보기에 노동은 그 자체로 신성한 것이며 인간으로 활동하며 살아가기 위한 최소한의 조건이지만 히틀러의 명령에 따라 온순하고도 순종적으로 아무런 양심의 가책 없이 수십만의 유태인을 가스실에서 학살한 아이히만이나 투철한 직업 정신하에 자신의 기술과 솜씨를 최대한으로 발휘해 원자폭탄을 만들어내 제2차 세계대전 당시 인류를 파멸의 위기에 몰아넣은 로버트 오펜하이머처럼 사람이 그저 노동 수준의 일에서 벗어나지 못하면 최악의 경우엔 악마가 될 수도 있었습니다.

이에 반대되는 개념은 '호모 파베르Homor Faber'라는 것인데 라틴어로 '제작자'를 뜻합니다. 르네상스 시기의 철학과 예술에 갑자기 등장한 말인 호모 파베르는 자신의 노동의 결과까지 생각하는 수준의 인간입니다.

호모 파베르 수준의 인간은 공동의 삶을 생각하며 물질적인 노동과 행위를 판단하는 존재이지요. 예를 들어 메밀국수 한 그릇을 만들어 팔아도 어떻게 하면 손님의 건강과 행복에 기여할까를 생각하며 일한다면 '장인'의 지위를 획득함은 물론 호모 파베르로써의 경지에 이른 셈입니다.

그런데 뛰는 놈 위에 나는 놈이 있다는 말처럼 이것이 다가 아닙니다. 노동하는 인간 위에 작업하는 인간이 있다면 작업하는 인간 위에는 행위를 하는 인간이 있다는 것이 아렌트의 인간을 보는 관점이었습니다. 이때 노동이 작업이 되고 작업이 행위가 되기 위해서는 '아모르 문디', 즉 '세계에 대한 사랑'이 필요합니다. 미인대회에서나 들을법한 말이 '세계평화'가 된지 오래지만 개개인의 삶에 있어 '세계적인' 관점을 갖는 것은 우리가 생각하는 것 이상으로 중요한 일이라고 합니다. 인간은 인간 속에서 살아가는 '정치적'이고 '사회적'인 존재이기 때문에 다른 사람과의 관계를 통해 자신의 존재에 대한 의미를 부여하며 살아간다는 숙명을 벗어날 수 없기 때문입니다. 그렇다면 가장 높은 수준의 인간 활동은 이 세계가 유지되도록 주변 사람들, 더 나아가서 세계를 위해 베푸는 삶을 사는 것일 수밖에 없습니다.

남에게 이로운 행동이 스스로의 행복에도 도움이 되는 경우가 바로 '행위'의 영역인데 예술이 바로 그렇습니다. 르네상스 시대의 예술가와 장인들은 한 인간의 노동이 어떻게 작업이 되고 작업이 어떻게 다시 행위가 되는지를 잘 보여주었지요.

니체의 영원회귀 개념이 말해주듯 우리의 삶은 본질적으로 끊임없이 돌고 도는 무의미한 반복이긴 하지만 그런 무의미함이 전제되지 않으면 우리가 추구하는 더 높은 경지로의 상승, 즉 육체적·정신적 진화가 이루어지지 않을 것입니다. 아렌트의 통찰처럼 인간은 노동으로 시작해 작업 그리고 행위로의 이행을 통해 인간으로서의 조건을 성숙시켜 나가야만 하는 존재입니다. 그럼으로써 무의미한 삶이 유의미해 질 수 있고 더 나아가 인류 전체의 진화에 기여할 수 있는 것이지요. 니체는 그래서 '아모르 파티', 즉 운명에 대한 사랑을 말했고 아렌트는 이에 더해 세계에 대한 사랑을 의미하는 '아모르 문디Amor Mundi'를 말한 것입니다.

깨달은 이들의 공통점

니체와 붓다의 공통점은 여기서도 드러납니다. 두 인물 모두 어떻게 한 인간이 노예의 삶이 아닌 진정한 인간으로서의 삶을 제대로 살아갈 수 있는지를 고민한 끝에 그 해답을 찾아낸 대표적인 인물들이니까요.

니체가 모든 종교를 비판하며 자신의 삶을 스스로 이끌어나가고자 했던 것처럼 여러 전생을 거쳐 고타마 싯다르타라는 화신으로 깨달음을 얻어 붓다의 지위에 올랐을 때 붓다는 어떤 새로운 종교를 만들려는 의도가 애초에 있지는 않았던 것으로 보입니다. 실례로 융 심리학자로 유명한 미유키 모쿠센 박사는 《고타마 붓다의 생애와 자기실현》에서 '붓다는 자신이 아는 것을 남에게 이야기할 마음이 없었다'고 적고 있습니다.

오강남 교수도 붓다가 깨달음을 얻은 후 중생에게 설법하기를 주저했는데 여기에는 두 가지 이유가 있었음을 이야기합니다. 첫째는 사람들이 하루하루 먹고 살기에도 바쁘거나 세상 쾌락에 빠져 있거나 마음에 탐욕과 노여움이 불타고 있기에 자기가 발견한 그런 진리에 전혀 관심을 갖지 않을 것 같았기 때문이라고 합니다. 둘째는 자기가 깨달은 진리가 '세상의 흐름에 역행'할 정도로 너무나 심오하고 정교하므로 사람들에게 가르쳐도 그들이 깨닫지 못할 것 같았다는 것입니다.

오강남 교수는 이를 이른바 깨달은 자의 실존적 고독이라고 설명합니다. 보통 사람이 이해할 수 없는 진리를 깨달은 이들은 공통적으로 홀로됨의 느낌을 겪는다는 것입니다. 예를 들면 노자는 모든 사람이 즐거워하는데 자기 홀로 멍청한 사람 같다고 했고 공자도 자기 가르침은 그렇게 단순한데 사람들이 귀 기울이려 하지 않는다고 했으며 예수 역시 자기를 이해하지 못하는 예루살렘을 향해 울었다고 합니다. 니체도 당대에는 인정받지 못하는 자신의 삶과 철학이 후대의 언젠가는 그 찬란한 빛을 발하게 될 것임을 주장하곤 했습니다.

붓다의 전기에 따르면 다행히도 천상에 있던 브라마 신이 내려와서 제발 깨달은 진리를 사람들에게 가르쳐 달라고 세 번이나 간원했습니다. 뿐만 아니라 붓다는 연못의 연꽃 중에 세 종류가 있음을 보았다고 합니다. 첫째는 흙탕물 속에 있는 것, 둘째는 흙탕물 수면에서 떠올랐다 잠겼다 하는 것, 셋째는 흙탕물 위에서 아름답게 핀 것. 붓다는 사람도 이 세 종류의 연꽃과 같이 속세에 완전히 빠져서 자유에는 전혀 관심이 없는 사람, 속세에서 자유로워지려고 애쓰는 사람, 속세에서 이미 자유로운 사람이 있을 것으로 생각했다는 것입니다. 붓다는 이 둘째 부류에 속하는 사람들이 자신의 가르침을 필요로 하는 사람들일 것이라 여겨 이들을 위한 자비심으로 속세로 나가 가르치기로 결심했다고 합니다.

실제로 역사 속의 붓다는 당시 인도에 성행하던 힌두교가 본래의 가르침에서 다소 멀어져가고 있을 때 나타난 개혁자에 가까운 인물이었습니다. 마치 훗날 니체가 그리스도교를 비판하고 해체하는 작업을 통해 그리스도교의 본원적 정신이 무엇인가를 상기시킨 것과 마찬가지의 일이었지요.

당시의 힌두교는 95%의 정치·경제적 실권을 누리던 브라만 계급을 위한 종교로 변질되어 기층민들을 억압하는 교리가 된지 오래였습니다. 힌두교는 수많은 생을 통해 공덕을 쌓아야만 브라만이라는 소수 특권계층으로 태어날 수 있고 그때 비로소 삶과 죽음의 바퀴를 벗어날 가능성이 있다고 가르쳤습니다. 지금도 인도의 12억 인구의 5% 미만에 불과한 브라만의 숫자를 볼 때 붓다가 활동하던 시대에는 브라만에 속하는 사람들이 얼마나 적었을 지를 유추해볼 수 있습니다. 바로 이럴 때 붓다가 나타나 카스트 제도를 부정하고 진정한 브라만은 계급으로 결정되는 것이 아니라 브라만으로서의 삶을 제대로 살 때만이 얻을 수 있는 것임을 천명했습니다. 인간은 모두 그 자신의 행위에 의해서 얼마든지 천한 사람이 될 수도 있고, 귀한 사람(브라만)이 될 수도 있다는 것입니다. 불가촉천민에 속한 사람일지라도 진정 브라만의 삶을 산다면 그를 브라만으로 대우해야 하고 그에게는 모든 면에서 브라만과 동일한 가능성이 내재해 있다는 가르침이었습니다. 실제로 붓다가 깨달음을 얻은 후 설법을 할 때의 모습을 묘사한 기록들을 보면 붓다가 남녀노소, 빈부귀천의 차별 없이 모든 사람들에게 그들의 눈높이에 맞는 설법을 행함으로써 그들을 깨달음의 길로 이끌었음을 잘 알 수 있습니다.

'모든 가치의 전도'라는 말로 대변되는 니체의 철학만큼이나 수천 년 전의 붓다는 니체보다 한 발 앞서 당연하게 여겼던 것들에 대한 의문을 제기했고 위선 뒤에 숨은 진실을 드러나게 만든 '진리의 수호자'이자 '조용한 혁명가'였다는 이야기입니다.

니체와 《금강경》, 지혜의 번개를 내리치다

니체가 《자라투스트라는 이렇게 말했다》에서 이야기하는 '자기극복'과 '초인되기'가 일면 복잡하고 난해해 보이지만 '자아실현'의 문제로 단순하게 압축될 수 있는 것과 마찬가지로 붓다가 대중들에게 베푼 가르침은 방대해 보이지만 그 원리는 사실상 매우 간단하여 4개의 숭고한 진리(사성제)와 여덟 개의 올바른 길(팔정도) 그리고 이것들이 암시하는 인생의 원리들로 압축되는 것이었습니다. 아이들도 기억하고 이해할 수 있을 정도로 단순하지만 그 속에는 인생의 모든 문제에 대한 해답이 될 수 있는 방대한 철학체계가 담겨 있었습니다.

"불교는 더 이상은 '죄에 대한 싸움'을 말하지 않고, 오히려 현실을 인정하면서 '고통에 대한 싸움'을 말한다. 불교는 - 이 점이 불교를 그리스도교와 철저히 갈라놓는다 - 도덕 개념의 자기기만을 이미 뒤로하고 있다. 내 언어로 말하자면 불교는 선과 악의 저편에 있는 것이다."

《안티크라이스트》에서 니체는 불교를 이렇게 평가합니다. 실제로 불교는 그리스도교처럼 '죄' 개념을 이용하지도 않고 '죄와의 싸움'을 선언하지도 않았습니다. 오히려 '생노병사'로 집약되는 우리 삶에 필연적인 '고통과의 싸움'을 통해 고통에서 해방되는 길을 찾고자 했습니다. 그리고 그 길은 밖에서 찾을 수 있는 것이 아니라 오로지 자기 안에서 찾아야 함을 이야기했습니다. 즉, 불교는 삶의 고통에서 구원(해방)되는 가능성을 자기 안에서 찾는 '자기 구원의 종교'라는 것입니다.

그래서일까요, 니체 연구자들은 니체의 대표작인 《자라투스트라는 이렇게 말했다》를 가장 잘 이해하기 위해서는 불교에서도 대승불교와 선종의 대표 경전인《금강경》과의 비교분석이 필요하다고 이야기합니다. 서양에《자라투스트라는 이렇게 말했다》가 있다면 동양에는《금강경》이 있다고 할 만큼 두 고전은 오늘날에 이르기까지 가장 많이 인용되며 회자되는 인류 정신 유산의 보고이면서도 대다수의 사람들이 읽은 척만 할 뿐 한 번도 제대로 읽어보지 않은 책으로도 손꼽히고 있지요.

철학자 김정현은《니체, 생명과 치유의 철학》에서 니체의 사상과《금강경》의 공통적 주제라고 할 수 있는 '무아', 즉 '내가 없다는 것'에 대해 이야기합니다.《금강경》이 영문으로는 '다이아몬드 수트라'로 번역되는 것에서 잘 알 수 있듯 다이아몬드와 같은 진리(금강)란 '벼락' 또는 '번개'를 통해 모든 것을 깨고 잘라버리는, 즉 자아의 집착에 의해 만든 모든 가상의 모습에서 벗어나는 지혜를 의미합니다. 이러한 번개의 지혜는 자아를 변화시키며 새로운 전체성의 자기를 발견하게 한다는 것입니다. 이는 니체가 우리가 인간의 진정한 존재 의미를 터득하기 위해서는 인간이라는 먹구름을 뚫고 내리치는 번개를 맞아야만 한다고 말한 것과 일치하는 깨달음입니다.

니체는 인간이 새로운 정신적 생명을 획득하고 새로운 의식의 차원으로 상승하기 위해서 지혜의 번개를 통해 파멸하고 몰락할 필요가 있다고 이야기했습니다. 김정현은 여기서 니체가 의미하는 번개란 삶과 죽음, 선과 악, 밝음과 어두움, 낮과 밤, 아름다움과 추함이라는 삶의 이항 대립적 집착과 인간의 인식의 편견에 내리치는 진리의 전압이라고 설명합니다. 인간의 정신은 이 높은 전압의 대기권을 통과함으로써 이항 대립적 사고의 편견을 깨버리고, 새로운 의식 상태에서 스스로 번개라는 하나의 높은 전압이 되어 인간 삶의 심연을 보며 진정한 삶의 의미를 찾을 수 있다는 것이었지요. 니체는 그래서 '번개 맞은 철학자'로 불립니다.

인간의 자아가 만든 인식의 집착과 허구를 깨고 나온 진리를 니체는 '지혜의 번갯불', '사나운 지혜', 또는 '지혜의 암사자'라고 했습니다. 번개를 맞고 지혜의 암사자가 된 인간이야말로 비로소 현실을 있는 그대로 긍정할 수 있는 순수한 생명이 있는 어린아이를 출산할 수 있으며, 항상 깨어 있는 정신을 가질 수 있다는 것이었습니다.

붓다의 경험들 :
주인공을 만나다

**유한한 우주 속
참된 나 찾기**

이와 같은 철학은 니체가 직접 경험했던 신비로운 체험과도 맞닿아 있는 발견이었습니다. 니체에게는 느닷없는 깨달음의 경험들, 즉 붓다의 경험들이 많았기 때문입니다. 가장 잘 알려진 한 가지 사례가 바로 1881년 8월 어느 날 스위스의 실바프라나 호숫가를 걸으며 오늘날 '니체 바위'라고도 불리는 수를레이 근처의 피라미드처럼 거대하게 솟은 바윗덩이 옆에 멈춰 섰을 때의 일입니다.

"인간과 시간의 피안에 6,000걸음쯤 나아갔다 … 그 순간은 말 그대로 영원이었다. 다시 돌아온 순간, 나는 영원한 희열을 느꼈다. 바로 이 순간 덕택에 나는 끝없이 반복되는 것을 견딜 수 있다."

니체는 '같은 것의 영원회귀'라는 아이디어가 그를 덮치듯 찾아왔던 때를 이렇게 회고합니다. 마치 가난한 나뭇꾼 소년이었던 육조 혜능 대사가 어느 날 한 과객이 읽는 금강경 한 구절을 듣고 문득 깨치는 바가 있어 출가를 했다는 이야기가 떠오를 정도로 니체에게는 신비롭다는 말로 밖에는 표현하기 힘든 영감폭발의 순간들이 있었고 이를 어떻게든 전달하기 위해 예언자적인 어조로 써내려간 책이 바로 《자라투스트라는 이렇게 말했다》였던 것입니다.

칸트와 마찬가지로 철학자인 동시에 우주가 돌아가는 원리에 대한 통찰이 남다른 사상가였던 니체는 우주가 유한한 상황들을 가진다고 생각했습니다. 이는 대중을 상대로 최첨단 물리학을 강의하는 과학자 브라이언 그린Brian Greene이 우리 모두도 따지고 보면 입자들의 특정 배열에 불과하다는 사실을 생각해보라고 이야기하는 것과 같은 논리입니다. 52장짜리 카드 한 벌로 수많은 패를 돌리면 결국에 특정 카드 조합이 반복될 수밖에 없듯이 어딘가에 나와 똑같은 조합의 사람이 존재할 수 있습니다. 마찬가지로 우주가 계속 팽창하고 있다는 사실과 우주에 수많은 차원이 존재한다는 사실에 근거해봤을 때 다중우주 어딘가에는 우리 우주와 완벽하게 똑같은 우주도 있을 것입니다. 이곳에선 사물뿐만 아니라 사람까지도 모두 똑같습니다.

놀랍게도 무수한 다중우주 속에 무수한 지구가, 또 그 속에 무수한 '나'가 존재할 수 있다는 이 허무맹랑한 이야기는 다중우주라는 구상뿐만 아니라 그 이름을 학계에 소개한 다중우주 이론계의 최고 권위자인 데이비드 도이치David Deutsch교수에 의해 수학적으로 완벽하게 증명되었음은 물론, 천재 과학자인 스티븐 호킹이나 노벨 물리학상 수상자인 스티브 와인버그도 그 가능성에 의문을 제기하지 않을 만큼 당연한 이론이 된 지 오래입니다.

심지어 여러 곳에 동시에 존재하는 미립자의 신비한 속성 덕분에 무

우주는 계속 팽창하고 있고
우주에는 수많은 차원이 존재하고 있으므로
어딘가에는 우리 우주와
완벽하게 똑같은 우주가 있을 것입니다

브라이언 그린

수한 다중우주에 사는 무수한 '나'들이 서로 한 사람처럼 연결되어 있다고 하니 더욱 기가 막힐 노릇입니다. 도이치 교수는 다중우주를 끝없이 가지를 뻗어나가는 한 그루의 아름드리나무로 비유하며 "당신이 성공적인 인생을 산다면, 당신의 분신들 역시 같은 결정을 내림으로써 성공을 누린다"고 설명합니다. 다중우주는 착할 수도 악할 수도 있는 가능성을 동시에 주는데 바로 이 부분에서 우리에게 자유를 선물한다는 것입니다. 다중우주에 사는 무수한 '나'들이 서로 영향을 미치기 때문인데 이 우주에 사는 '나'의 행동은 다른 우주에 사는 '나'에게 영향을 미치고 다른 우주에 사는 '나'의 행동은 이 우주에 사는 '나'에게 영향을 미친다고 합니다. 그러므로 '나'가 올바른 선택, 즉 선행을 할수록 좋은 일이 일어나는 다중우주의 부분을 더욱 키울 수 있게 되는 것입니다.

숙명과 운명을 넘어 '참 나'로 거듭나기

전생 리딩 상담가라는 특이한 직업을 가지고 15년 동안 1만 5,000명을 상담해온 박진여는 저서 《당신, 전생에서 읽어드립니다》에서 평행우주론에 부합하는 운명론을 펼칩니다. 한마디로 운명은 정해져 있지 않다는 것으로 전생 리딩 과정에서 읽힌 미래의 방향성은 점술이나 사주가 단정적으로 예견하는 것과는 달리 내담자가 현재 처한 상황에서 어떻게 마음을 먹고 행동하느냐에 따라 다양한 경우의 수로 펼쳐진다고 합니다. 다시 말해 내담자가 무엇을 어떻게 선택하느냐에 따라 미래의 모습이 달라질 수 있다는 이야기입니다. 물론 가능한 범위는 큰 틀에서 정해진다고 합니다. 우리가 숙명이라 부르는 것으로 큰 틀에서 보면 한 사람의 타고난 가능성의 범위와 선택 가능한 경우의 수까지도 모두 포함한 개념입니다. 그러나 변하지 않는 중요한 사실은 우리 모두가 주어진 가능성의 범위 내에서 스스로의 자유의지에 따라 가장 지혜로운 선택을 하고 최선을 다해야 한다는 것입니다. 그렇게 함으로써 우리는 보다 발전된 자신의 미래를 스스로 만들어갈 수 있기 때문입니다.

저명한 인문학자와 언론인, 드라마 작가 등의 진심 어린 추천사로 가득한 그녀의 책은 전생을 볼 줄 아는 믿기 힘든 능력을 지닌 한 여성의 이야기라기보다 인생과 우주 그리고 운명에 대한 귀중한 성찰이 담겨 있는데 예를 들면 이런 것입니다.

오랜 전생 리딩의 경험을 통해 그녀가 터득한 깨침은 우리 모두의 삶이 저마다 특별하고 고귀하다는 사실이라고 합니다. 닮은 것은 닮은 것끼리 만나기에 이번 생에서 목격하고 있는 비극적인 사건의 가해자와 피해자는 전생에서 그 반대였을 수도 있습니다. 그러므로 원수를 용서하는 것은 실제로 나 자신을 용서하는 행동이 될 수 있다고 합니다. 용서하는 마음이 상대방을 사랑하는 것에 그치지 않고 나를 사랑하는 결과를 낳는 이유입니다. 그러니 나에게 일어나는 안 좋은 일들을 그저 원망하거나 슬퍼하지만 말라고 이야기합니다. 전생 리딩은 그 사건들 속에 우리가 알 수 없는 섭리가 숨어 있을 수 있다는 사실을 거듭 알려준다는 것이지요. 수많은 전생 리딩을 통해 박진여가 깨달은 것은 현생의 누군가가 겪는 고통과 불행은 그나 그녀의 영혼이 이 세상에 태어나기 전 스스로의 자유의지로 선택한 삶이라는 것입니다. 그렇기 때문에 불행과 고통이 담고 있는 영적 교훈을 적극적으로 배우려는 노력이 필요하다고 합니다. 현생의 고통이 카르마가 보내는 무자비한 형벌이 아니라 그나 그녀의 영혼이 원했던 영적 진보를 위한 또 다른 교육이라는 것입니다.

또한 요즘은 빠른 시대 변화를 반영해 카르마의 해소 주기도 매우 빨라졌다고 합니다. 카르마의 결과가 나타나 균형을 회복하는데 여러 생이 필요하지 않다는 이야기입니다. 이번 생의 행위의 결과가 현생에서 곧장 나타날 수 있다는 뜻입니다. 그러니 카르마가 빨리 교정된다는 이유 때문에라도 우리는 매일 두려움 없는 삶을 살도록 노력해야 한다는 것입니다.

그녀는 윤회론의 가치를 카르마를 통한 균형의 회복에서 찾습니다. 우리 모두가 고유의 카르마를 갖고 태어난다는 것은 누구라도 한 번쯤은 삶 속에서 비극이나 고난을 겪게 된다는 이야기입니다. 그리고 많은 경우에 이런 부정적으로 보이는 사건들을 겪어냄으로써 우리는 부족한 부분을 채우며 배울 것을 배우게 되고 성장해나가게 됩니다. 삶의 균형을 찾게 되는 것입니다.

박진여에 따르면 우리가 흔히 말하는 운명은 카르마의 외피라고 합니다. 카르마의 중심을 차지하는 숙명과 달리 이번 생에서 바꿀 수 있다는 뜻입니다. 다시 말해 숙명은 한 번의 생으로 바꾸기 어렵지만 운명은 이번 생에서 자신의 의지와 노력으로 변화시킬 수 있다는 이야기입니다. 그 점에서 숙명은 신체를 구성하는 뼈와 흡사하고 운명은 그 위에 붙어 있는 살이나 근육과도 같다고 합니다. 병원에서 얼굴 모습을 바꾸기는 쉬워도 골격을 고치는 일은 쉽지 않은 것과 비슷하다는 것입니다. 많은 경우에 현생에서 이해하기 힘든 극단적인 반목과 대립, 불치의 병이나 선천적 불구, 장애, 가난 등은 그 원인이 전생에서 시작되었을 가능성이 크다고 합니다.

그런데 이와 비슷한 비중으로 박진여가 중요하게 여기는 것은 바로 '습'입니다. 우리가 살아오면서 축적한 갈애(오욕의 욕망에 집착함)로 인해 쌓은

업 전체를 말하는 것입니다. 습은 문틈 사이로 스며드는 습기와 같아서 자신도 모르게 특정한 행동과 마음가짐에 익숙해지는 것으로 부지불식간에 우리의 성격으로 자리 잡아 저마다의 특징적인 모습으로 일상적인 삶에서 발현된다고 합니다. 예를 들어 어떤 사람이 남에게 봉사하기를 좋아한다면 그 사람에게는 남을 위한 배려와 봉사가 습이 됩니다. 반대로 어떤 사람은 재물에 욕심이 많아 자신보다 가난한 사람들이 가진 재물에도 욕심을 내는데 욕심이 습이 되었기 때문이라는 것입니다.

박진여는 우리의 모든 습은 어느 날 갑자기 만들어진 것이 아니라 오랜 과거 생에서부터 차곡차곡 쌓여서 이루어진 것임을 이야기합니다. 그 점에서 현생에서 우리의 독특한 성향으로 발현되는 습은 과거 생의 모습들을 오늘로 연결하는 장치라는 것입니다. 그래서 같은 부모 아래 태어나 같은 문화와 환경 속에서 자라나도 타고난 습의 차이 때문에 각기 다른 특성을 보이고 결국 다른 삶을 살게 된다고 설명합니다. 즉, 우리가 다른 선택과 판단, 행동 양식을 보이는 것은 저마다 타고난 습이 달라서인데 특히 삶의 중요한 순간에는 평소의 습이 자신도 모르게 특정 선택을 하게 만든다는 것입니다. 이러한 본능적 습은 우리가 경험하고 배워야 할 모든 것을 포괄하는 운명의 테두리를 엮어내기에 습이야말로 업의 진행에 가장 중요한 요인이 될 수밖에 없다고 합니다. 따라서 업을 정화시키고 삶의 모습을 바꾸기 위해서는 반드시 자신의 습을 먼저 변화시켜야 한다는 것입니다. 이는 박진여가 수많은 전생 리딩의 체험을 통해 거듭 확인한 결과로 과거 생에서 비롯된 삶의 습관과 의지가 여전히 현생에서 가장 큰 영향을 주는데도 불구하고 사람들은 그 사실을 모르고 살아간다고 합니다. 이럴수록 그 사람의 운명적 테두리는 지금껏 습과 업이 정한 방식 그대로 반복을 거듭한다는 이야기입니다.

박진여가 보기에 현생에서 얻은 지혜는 과거 생에서의 어리석고 미련했던 경험이 밑거름이 되었기에 가능한 것으로 삶이 곧 수행이고 우리가 살아가면서 경험하는 모든 것이 다 마음공부라고 합니다. 특별한 방식만을 수행이라 생각하기 쉬운데 하루하루를 살아가면서 우리가 지어내는 모든 생각과 행동이야말로 참된 수행의 기초가 된다는 것입니다.

오랜 리딩의 경험을 통해 박진여가 권하는 카르마 해소법은 '사소하더라도 착한 일을 계속하라'는 것입니다. 우리의 예상과는 달리 카르마를 정화하는 중요한 일은 사소한 것에서부터 시작된다고 합니다. 예를 들어 대부분의 사람들은 공중도덕을 가볍게 여기는데 박진여의 리딩에 따르면 사소한 일들이 우리의 운명과 카르마의 흐름을 결정하는데 대단히 중요한 요인이라는 점이 분명하게 드러난다고 합니다. 우리가 어린 시절 배웠던 기초적인 도덕의 실천이 우리 삶에서 카르마를 형성하고 소멸시키는데 지대한 영향을 미친다는 의미입니다.

엘리베이터에서 내리는 사람을 위해 비켜서 주고, 다른 사람이 먼저 타도록 배려하고 내릴 때도 차례를 지키는 등의 일들이 사소한 것처럼 보이지만 카르마의 형성이라는 관점에서는 대단히 중요하다고 합니다. 이 모든 것이 타인에 대한 배려이고 희생이자 봉사이기 때문입니다. 이런 일들은 영적인 공덕을 쌓아가는 작게 보이지만 아주 큰일의 시작이라는 것입니다. 그래서 그녀는 사소해 보이는 선행이 조금씩 쌓여 운명의 큰 흐름을 바꿀 수 있다는 점을 우리 모두가 진심으로 알 수 있다면 참 좋을 것 같다고 이야기합니다. 공중도덕의 핵심이라는 것이 타인을 자기만큼 혹은 자기보다 소중하게 생각해서 다른 사람의 편의를 배려해주겠다는 작지만 참으로 선량한 마음이기에 이런 마음을 삶의 매 순간 실천하는 사람의 카르마가 어떻게 맑고 깨끗하지 않을 수 있겠냐는 것입니다.

전생이라는 것을 믿지 않는다 해도 지금 여기에서 착한 일을 통해 선업을 쌓는 일이야말로 참된 자유의지의 영역이라는 사실은 변함이 없을 것입니다. 박진여는 진심에서 우러나온 봉사와 희생정신으로 이웃을 배려하는 것이야말로 신과 섭리가 우리에게 바라는 가장 바른 모습이라고 설명합니다. 타인을 위한 진정한 봉사와 이웃을 사랑하는 일. 그 일이 얼마나 중요한지를 알게 된다면 오늘 우리에게 주어진 하루하루의 일과가 지닌 소중함을 뼈저리게 느끼게 될 것이라는 이야기이지요.

니체도 세상을 이렇게 보고 있었던 것 같습니다. 우주가 순환적으로 늘 같은 역사를 되풀이한다는 그의 생각은 결국에 우리가 무엇을 하든 그것은 이미 수도 없이 했던 일이며 앞으로도 거듭하게 될 일임을 뜻했습니다. 우리는 영원히 똑같은 일을 반복한다는 것입니다. 그래서 니체는 올바르게 생각하고 행동하는 게 중요하다고 이야기합니다.

니체가 겪은 '깨침'에 가까운 신비로운 붓다의 경험들 덕분에 '영원회귀'와 '초인'의 개념이 만들어졌는데 이는 선불교의 '진아', 즉 '주인공'이라는 개념과 많은 면에서 흡사합니다. 선가에서는 우리의 진아, 즉 '참나'를 흔히 '주인공'이라는 말로 부릅니다. 말 그대로 가아(욕망, 상념)가 아닌 진정한 주인이라는 뜻이지요.

로카르노 영화제에서 그랑프리를 수상해 화제가 된 영화 〈달마가 동쪽으로 간 까닭은〉에서 노선사는 "육신에는 생사가 있을지언정 주인공에 생사가 있을 것인가! 억겁 이래 주인공이 나와 항상 함께 해왔나니, 그것은 얻으려야 얻을 수 없고 버리려야 버릴 수 없는 존재인 것을!"이란 말로 선가의 '주인공'이라는 개념을 설명합니다. 이것은 세계적인 작가

헤르만 헤세가 "구원의 길은 어디에도 없다. 오직 자기 자신의 내면에 이르는 길뿐이다. 거기에만 신이 있고 평화가 있다"고 이야기한 것과 마찬가지의 의미입니다. 니체가 제안했던 초인이라는 개념도 이렇게 내면의 참된 나의 모습을 찾아내라는 의미였습니다.

니체와 도원 선사, 따로 또 같이

니체가 보기에 깨달음은 잃어버린 나의 전정한 모습을 되찾는데 있었습니다. 선종에서 우리의 본래적 얼굴, 탄생 이전의 얼굴이라고 불렸던 것을 회복하라는 가르침이 떠오르는 대목입니다. 니체의 영원회귀 또한 '열반은 이미 윤회 안에서 일어난다'는 선종의 사상을 떠올리게 합니다.

《자라투스트라는 이렇게 말했다》에서 동일자의 영원회귀에 대한 니체의 가르침이 수수께끼의 형태로 제시되는 것과 마찬가지로 선종의 '화두참선'과 같은 가르침은 모두 암시적이고 다의적이어서 받아들이는 사람에 따라 그 해석과 깨달음이 다릅니다. 때로는 아무 수사적 표현 없이 공격적으로 말하기를 즐기는 선종의 선사들과 마찬가지로 니체도 '망치의 철학자'라 불릴 만큼 공격적인 표현을 즐기기도 했지요. 그럼에도 불구하고 니체나 선종 모두 아주 심각한 주제에 대해 말할 때에도 유머 감각을 잃지 않는다는 공통점을 가지고 있기도 합니다.

선종과 니체 모두 우리 각자 안에 있는 '붓다의 본성'이 실현되는 것을 막는 장애물이 '순응주의'임을 지적합니다. 또한 진리란 어딘가 다른 곳에 있을 거라는 핑계로 무시되어왔던 일상적 삶에 주목합니다. 깨달음이란 지금 여기에서만 일어날 수 있기에 깨달음에 별도의 지위를 부여하고 그것을 초자연적인 상태로 간주하는 기존의 종교와 사상이야말로 깨달음에 도달하는 것을 막는 최고의 적이라는 것입니다. 프랑스의 철학자 야니스 콩스탕티니데스는 《유럽의 붓다, 니체》에서 실제로 니체는 삶의 함정들로부터 빠져나오려고 애쓰는 불교신자와 같은 삶을 살았다고 이야기합니다. 다만 스스로가 그것을 눈치 채지 못했을 뿐이라는 것입니다. 이는 니체가 선불교의 존재 자체를 몰랐으며 니체의 스승이나 마찬가지였던 쇼펜하우어와 마찬가지로 서양인으로서 불교에 대해 가지고 있었던 지식이 다소 피상적이었던 데서 비롯된 것으로, 니체 연구자들은 니체가 불교의 열반이라는 심오한 개념을 제대로 이해하지 못했던 데서 그 원인을 찾습니다. 니체가 자각하지 못했을 뿐 사실상 니체의 사상은 불교와 너무나 많은 유사성을 가지고 있기 때문인데 이는 서양의 아우구스티누스와 같이 불교의 존재조차도 잘 몰랐던 기독교 성자의 글이 선불교의 가르침과 놀랄 정도로 흡사한 것과 비슷한 이야기입니다.

그의 지인과 친구들이 증언하는 니체의 모습은 수염이 덥수룩한 괴짜 예언가가 아니라 사려 깊고 극도로 부드럽고 정중하며 여성들을 배려하는 사람이었습니다. 실례로 《니체를 쓰다》에서 세계적 전기작가 슈테판 츠바이크는 니체의 하루를 다음과 같이 묘사하고 있습니다.

약간 꾸부정하고 불안해 보이는 인물이 어깨를 굽히고 문턱을 넘어섰다. 그는 낯선 사람들이 모여 있는 방으로 '거의 장님'처럼 더듬거리며 들어섰다. 그는 마치 지옥에서라도 탈출한 사람 같았다. 깨끗하게 솔질한 검의 의복에 얼굴 또한 어두웠다. 갈색의 무성한 머리칼이 물결치듯 흔들렸고, 둥글고 두꺼운 안경 뒤로 보이는 눈동자 역시 어두웠다. 그는 겁에 질린 듯 조용히 테이블 쪽으로 접근했는데, 그의 주변에 심상치 않은 정적이 드리워졌다. 그는 대화, 모임 따위라고는 없는 그늘 속에 살았던 인간처럼 보였다. 모든 소리와 소음에 대해 신경쇠약에 걸린 사람처럼 불안해했다. 이제 그는 아주 공손하고 품위 있게 식당에 있는 손님들에게 인사했다. 인사를 받은 손님들은 그저 무심한 태도로 이 독일 출신의 교수에게 답례를 보냈다. 근시안을 가진 교수는 조심스럽게 테이블에 다가가 이것저것 식성에 맞을 만한 요리를 면밀히 찾고 있었다. 차가 너무 강하지나 않은지, 음식에 지나치게 양념이 많지는 않은지 검사하는 것이었다. 음식이 뭔가 이상이 있으면 예민한 장이 쉽게 자극을 받았고 어떨 때는 며칠 동안이나 신경이 요동치곤 했기 때문이다. 그의 자리에는 포도주잔이나 맥주잔, 커피를 비롯해 어떤 알코올성 음료도 없었다. 식후에는 시가나 담배도 피우지 않았다. 원기를 돋우고 기분을 전환해주거나 마음을 편안하게 하는 어떤 것도 그는 하지 않았다. 식사도 소식으로 하고 식후에는 간간히 이웃 사람과 나지막한 목소리로 고상하지만 의미 없는 몇 마디를 주고받는 것이 전부였다. 식사를 마치면 그는 비좁고 옹색하며 난방도 잘되지 않는 샛방으로 올라갔다. … 방구석에는 그의 유일한 재산인 묵직한 궤짝이 놓여있었는데 그 안에는 두 벌의 상의와 여분의 정장 한 벌이 들어 있었다. 그 외에 몇 권의 책과 원고 뭉치가 전부였다. … 외투를 걸치고 양털로 된 숄을 두른(난방이 제대로 되지 않아서) 그는 얼어붙은 손으로 몇 시간이나 흐릿한 눈으론 알아보지도 못할 글을 재빨리 써 내려갔다. 눈이 빨갛게 충혈되고 눈물이 흐를 때까지 그렇게 꼬박 앉아서 몇 시간이나 작업에 매달렸다. … 날씨가 좋을 때면 이 고독한 사람은 늘 혼자서 산보를 나갔다. 산보 중에는 언제나 명상에 잠겼다. 도중에 인사를 나누는 일도 없었고, 동반자나 우연한 만남 같은 일도 전혀 없었다.

니체는 이렇게나 내면적 경험들로 이루어진 금욕적 삶을 살았는데 야니스 콩스탕티니데스는 이것이 중세의 순회 설교사의 삶이나 선종의 임제 선사가 말하는 무위진인의 삶을 떠올리게 할 정도라고 비유합니다. 선불교에서 수행을 깨달음의 수단이 아니라 깨달음 자체라고 여겼던 것처럼 니체는 영양 섭취나 수면 같은 삶의 소소한 일들에 주의를 기울이며 있는 그대로 실재를 받아들이는 삶을 살았던 것이지요. 니체에게 있어 인간의 위대함이란 그가 성취한 것에 있는 게 아니라 이 땅 위에서 그의 일상적인 태도를 통해 증명하고 있는 충실성 속에 있었기 때문입니다.

《이 사람을 보라》에서 니체는 자기 자신이 되기 위해서는 '기나긴 노력'과 '매일의 작업'이 필요함을 이야기합니다. 야니스 콩스탕티니데스는 18세기 일본의 선승인 도원 선사가 요리하거나 수도원뜰 청소하기 같은 일상의 육체노동이 자신들의 정신적인 탐구와는 비교될 수 없으며 노예들의 것이라는 선입견에 사로잡혀 손을 더럽히기를 꺼려하는 제자들에게 '도는 우리 발 아래 있다는 것, 그리고 '참된' 삶, 즉 붓다의 삶은 일상적인 삶과는 전혀 다른 어떤 삶이 아니라는 것'을 상기시켰던 가르침과 니체의 그것을 비교해보라고 주문합니다.

도원 선사는 실제로 옷차림을 후줄근하게 하고 다니는 지저분한 수도자들을 경멸했을 뿐만 아니라 그의 거대한 저작에서 무려 두 장을 〈세정〉과 〈세안〉에 할애하여 정신의 정화가 신체의 청결함을 조건으로 한다는 생각을 펼쳤다고 합니다. 이는 《금강경》의 첫 장이 그저 붓다가 거처를 떠나 탁발을 했고, 돌아와 식사를 했으며, 그런 다음 의발을 정리하고 자리를 펴고 다시 앉은 일상을 설명하는데 할애되는 것과 마찬가지의 이치입니다. 니체와 붓다 모두 일상의 삶에서 자신의 신체를 더 잘 규율하고 자신의 정신을 정화하는 것이 중요함을 몸소 보여준 것입니다. 일상 안에 모든 도가 다 들어 있는 것이지요.

그래서일까요, 《이 사람을 보라》에서 니체는 자신의 특이체질에 맞는 메뉴를 상세하게 설명하는데 많은 분량을 할애했습니다. 도덕적 이상주의가 이러한 삶의 세부사항을 그냥 넘겨 버리는 것과는 반대로 니체는 이것이야 말로 진리이며 이를 다시 우리의 삶 속으로 되돌려놓아야 함을 역설했던 것입니다. 야니스 콘스탕티니데스는 도원 선사가 니체보다 먼저 '음식을 만드는 것도 붓다의 일이다'라는 가르침을 펼쳤음을 이야기합니다. 음식을 맛보는 것과 마찬가지로 음식을 준비하는 데서도 수행은 계속되며 바로 그 자리에 깨달음이 있다는 것입니다.

"음식을 만들 때는 일상적인 시선, 일상적인 느낌과 생각으로 일상적인 사물들을 보지 마십시오. 당신이 손가락으로 뒤집고 있는 한 떨기 채소에도 붓다가 빛나고 있으며 하찮은 곡식 한 알갱이도 자신의 불법을 말하고 있답니다."

도원 선사는 음식에 등급이 있다고 전제하고 판단하는 것을 거부한 인물이었습니다. 그것은 자체로 천박하거나 고상한 것이 아니라 단지 준비가 잘 되었거나 준비가 잘못된 것일 뿐이었습니다. 그러므로 진지하고 참을성 있게 식사를 준비하는 것은 모든 사물들이 가져야 할 바람직한 태도의 모델이라고 했습니다. 우리의 수행은 모든 삶의 행위들 속에 진리가 있다는 것을 의미하기 때문입니다.

니체에게도 철학은 인간의 고유한 '자기'를 찾는 문제로 귀결됩니다. '자기를 찾아가는 과정' 또는 '자기 됨'의 과정이 다름 아닌 인간 삶의 과정이기 때문입니다. 이를 현대의 용어로는 '자아실현'이라고 합니다.

"너는 본래의 너 자신이 되어야만 한다" 또는 "우리는 어떻게 우리 자신인 그러한 존재가 되는가"라는 니체의 말은 인간의 자기찾기 작업을 단적으로 집약해낸 니체 사상의 핵심입니다. 이는 분석심리학의 창시자 칼 융이 제안한 '개성화'라는 원리와도 일치하는 이야기입니다. 융은 각자의 무의식 안에 잠들어 있는 인생의 청사진, 즉 진정한 나다움을 평생에 걸쳐 실현하는 과정을 개성화라고 이름붙였습니다. 융과 니체는 우리가 어떻게 에고 덩어리에서 자기로 변형되어 자기실현을 할 수 있는가를 평생토록 연구하고 그 해답을 내놓은 대표적인 서양의 현자들이었던 것입니다.

일리는 있지만 니체와 같은 천재나 붓다나 노자와 같은 성인들에게나 가능한 거창한 가르침이라 오해할 수 있는데, 실상 그렇게 우리의 현실과 동떨어진 이야기가 아니라는 사실입니다. 놀랍게도 우리가 매일같이 동경하며 가장 큰 즐거움을 느끼는 소설과 영화 그리고 TV 프로그램들 속에서 끊임없이 변주되고 있는 인생의 원리가 바로 '자아실현'이기 때문입니다.

누구나
영웅의 여정을
걷고 있다

| 세상에서
| 가장 재미있는
| 이야기

우연인지 필연인지 세계에서 가장 많이 팔린 책 중 성경을 제외한 세 권의 책 모두가 자아실현의 문제를 다룬 작품들입니다. 그 놀랍도록 재미난 이야기들과 주제의식의 기원이 결국엔 고대로부터 존재하던 신화에서 차용해온 것들이고 그 속에서 우리는 죽음과 부활의 코드를 통한 자아실현의 방법을 배울 수 있다는 점입니다.

기네스북에 '가장 많은 언어로 번역된 작가'로 기록되어 있는 세계적인 신비주의 작가 파울로 코엘료Paulo Coelho의 대표작《연금술사》가 그 좋은 예이지요. 자아의 연금술, 즉 자아실현의 과정을 신비롭게 그려낸 우화적인 소설《연금술사》는 브라질의 작은 출판사에서 초판 900부만을 찍었지만 오늘날에는 전세계 6,500만 독자가 읽은 현대의 고전으로 자리 잡았습니다. 평범한 양치기 산티아고가 자신의 꿈을 찾아 떠난 여정에서 다양한 사람들을 만나며 겪게 되는 이야기를 축으로, 신비로운 체험과 심오한 생의 물음들을 던져주는 내용입니다. 집시 여인, 늙은 왕, 도둑, 화학자, 낙타몰이꾼, 아름다운 연인 파티마, 절대적인 사막의 침묵과 죽음의 위협 그리고 마침내 연금술사를 만나 자신의 보물을 찾기까지, 그의 극적이며 험난한 여정은 '철학자의 돌'을 얻기까지 연금술사의 고로에서 진행되는 실제 연금술의 과정과 닮아 있어 신비와 감동을 더합니다. 마음의 목소리에 귀를 기울이는 것이 얼마나 중요한지를 증언하는 고귀한 성서이며, 진정 자기 자신의 꿈과 대면하고자 하는 모든 이들을 축복하는 희망과 환희의 메시지를 담고 있기에 클린턴 전 미국 대통령이 휴가 중 가장 하고 싶은 일로 '파울로 코엘료의 책을 쌓아놓고 원 없이 읽는 것'을 꼽았을 만큼 광범위한 독자층으로부터 절대적인 사랑을 받고 있지요.

《연금술사》가 그러하듯 고대로부터 내려오는 연금술의 키워드인 우주와의 합일이랄지, 누구나 신성을 가지고 있으므로 밖에서 찾을 필요가 없다는 이야기 등은 거창한 것 같지만 많은 사람들이 공감하는 내용이며 사실상 그리 어려운 이야기도 아닌 것입니다.

놀랍게도 세계에서 성경 다음으로 많이 팔린 책으로 손꼽히는 《해리 포터》와 《반지의 제왕》 그리고 앞서 살펴본 《연금술사》가 다루고 있는 공통의 주제가 바로 '자아의 연금술'이기 때문이지요. 진정한 연금술은 물질의 연금술이 아니라 영적인 연금술, 즉 자아의 연금술이니까요. 신화 속에서 영웅이 궁극의 행복을 가져다줄 보물을 찾아 모험의 길에 오르듯이 《해리 포터》에서 해리가 찾는 '마법사의 돌'도 사실 전통적으로 '철학자의 돌' 또는 '현자의 돌'로 불리는 것입니다.

이 현자의 돌은 생명의 영약인 엘릭시르라는 납을 황금으로 바꿀 수 있는 신비의 물질과 동일시되는 것으로 《반지의 제왕》에서 프로도가 지니고 있는 절대반지와도 일맥상통하는 것입니다. 재미있는 것은 《해리 포터》에서는 물론 《반지의 제왕》에서도 주인공들은 현자의 돌을 파괴하려고 노력한다는 사실입니다. 이유는 간단합니다. 현자의 돌은 불사를 가져오고 황금을 만들어내는 기적의 물질로 알려져 있지만 그야말로 하나의 상징에 불과하기 때문입니다. 고래로 연금술사들은 영혼의 해탈을 이룰 수 있는 과정을 상징과 비유로 묘사해왔기 때문에 납을 금으로 변하게 한다는 것도 물질성에 속박된 우리 안의 영혼을 해방하여 영적인 황금빛을 발하게 하라는 뜻이 숨겨져 있었습니다. 《해리 포터》와 《반지의 제왕》은 이러한 자아의 연금술을 직접적으로 드러낸 현대판 신화인 것입니다.

이는 실제로 신화에 관한한 세계 최고의 석학이자 우리 시대의 스승으로 추앙받는 조셉 캠벨 박사가 밝혀낸 《천 개의 얼굴을 가진 영웅》이란 저서에서 드러나는 우리 모두의 진정한 본모습에 관한 이야기들입니다. 그래서 그토록 전 세계적인 인기를 누리게 된 것이지요.

당신의 인생이 바로 영웅의 여정이다

무슨 말인가 하면 우리 모두가 사실은 누구나 영웅의 여정으로 상징되는 공통된 단계로 구성된 인생의 길을 걷고 있다는 것입니다.

그렇습니다. 해리 포터나 《반지의 제왕》의 주인공 프로도는 사실 극화된 우리 자신의 모습입니다. 캠벨은 신화가 다루는 이야기들이 지리적으로나 문화적으로도 아무 연관이 없는 세계 곳곳에서 같은 얼굴을 하고 나타나는 이유가 여기에 있다고 이야기합니다. 인간의 삶은 예나 지금이나 똑같은 과정을 거치기 때문에 신화의 이미지 또한 아득한 옛날부터 앞세대에서 다음 세대로 거의 무의식 상태에서 전수된 것으로 시대를 달리하고 나타날 적에는 옷만 바꾸어 입는다는 것입니다. 한 문화권의 이야기가 전혀 다른 문화권에서 그대로 발견되는 이유입니다. 여기에는 캠벨이 '무섭고 놀라운 신비'라고 부르는 신화의 기본 골격이 존재합니다. 신화는 사물에 대한 우리의 고정관념을 깡그리 부수기 때문에 무서운 동시에 신화 자체가 우리 자신의 본성이자 존재이기 때문에 놀라운 신비의 보물창고라는 것입니다.

그래서 모든 인간의 인생은 영웅의 여정에 비유됩니다. 《해리 포터》와 《반지의 제왕》을 포함한 대부분의 베스트셀러 문학작품들도 이 공식을 따르고 있음을 물론이고 헐리우드에서 제작되는 영화들에서도 이러한 영웅의 여정이 거의 그대로 반영되고 있습니다. 대표적인 작품으로 〈스타워즈〉가 있고 〈타이타닉〉이나 〈라이온 킹〉 같은 작품들의 경우에도 영웅의 여정이라는 스토리 단계를 그대로 적용시킨 사례들입니다. 〈아바타〉나 〈겨울왕국〉 같은 영화도 이러한 스텝을 따르고 있다고 볼 수 있지요. 캠벨의 《천 개의 얼굴을 가진 영웅》으로부터 시작된 이 개념은 조지 루카스나 스티븐 스필버그 등의 거장 감독들에게 지대한 영향을 끼쳤음은 물론, 크리스토퍼 보글러Christoper Vogler라는 수많은 히트 영화들에 큰 기여를 한 스토리 컨설턴트에 의해 '영웅의 여행'이라는 개념으로 정립되었습니다. 이것은 또한 스크린라이터를 포함한 모든 작가에게 유용한 구조로 쓰일 수 있도록 책으로 저술되어 세계적인 베스트셀러가 되기도 했지요. 우리 모두가 살면서 겪게 되는 인생의 단계들을 원형화한 것이기도 한 영웅의 여행을 요약 정리해보면 다음과 같습니다.

1. 영웅은 일상 세계에서 소개되어
2. 그곳에서 모험에의 소명을 받는다.
3. 하지만 영웅은 처음에 결단 내리지 못한 채 주저하거나 소명을 거부한다. 그러나
4. 정신적 스승의 격려와 도움을 받아
5. 첫 관문을 통과하고 특별한 세계로 진입하게 된다.
6. 그곳에서 영웅은 시험에 들고 협력자와 적대자를 만나게 된다.
7. 영웅은 동굴 가장 깊은 곳으로 접근하여 두 번째 관문을 건너게 되는데
8. 그곳에서 영웅은 시련을 이겨낸다.
9. 영웅은 이의 대가로 보상을 받게되고
10. 일상 세계로의 귀환길에 오른다.
11. 영웅은 세 번째 관문을 건너며 부활을 경험하고 그 체험한 바에 의해 인격적으로 변모한다.
12. 영웅은 일상 세계에 널리 이로움을 줄 은혜로운 혜택과 보물인 영약을 가지고 귀환한다.

 이 12단계의 여행은 개별 스토리의 세부적인 차이와 색다른 사건으로 더해지고 조정되어야 하는 뼈대와 같은 프레임워크에 해당됩니다. 여기서 우리가 배워야 할 교훈은 한 평범한 사람이 어떻게 영웅으로 변모에 나가는지에 대한, 즉 "인간이 어떻게 성장해나가는가?"라는 질문에 대

한 해답입니다.

신기하게도 이 12단계의 여행은 붓다와 예수 그리고 조로아스터와 같은 성인들의 삶이 공통적으로 보여주고 있는 구조와도 일치한다는 사실입니다. 이리저리 뒤바뀐 이야기의 여러 버전들을 살펴보면 강력한 하나의 패턴이 살아 빛나고 있는데 그 패턴만 있으면 원래 이야기를 구성할 수 있습니다. 마치 주인공과 시대 그리고 문화적인 요소만 바뀌었을 뿐 똑같은 이야기가 종교에서도, 베스트셀러 소설에서도 그리고 우리의 안방에서 펼쳐지는 TV 프로그램들에서도 반복되고 있는 것입니다. 최근 창조경제의 주역으로 손꼽힌 우리나라 콘텐츠들의 경우가 그 좋은 예로 형식만 다를 뿐 한결같이 성장에 관한 스토리를 다루고 있기 때문인데 이 각각의 프로그램들이 보여주는 것 또한 영웅의 여정입니다.

〈꽃보다 할배〉가 재미있는 이유는 평균나이가 74세인 원로배우들을 말도 잘 안통하고 여행 경비도 박하게 주면서 낯선 곳으로의 모험을 떠나게 만들기 때문이지요. 이 또한 변주된 영웅의 여정으로 나이가 지긋한 어르신들이 여행을 통해 다시금 정신적 죽음과 부활의 코드를 반복하는 성장을 보여줍니다. 짐꾼 역할을 담당한 상대적으로 젊은 중년 배우 이서진도 마찬가지여서 배우들 중에서도 황태자급으로 분류되는 귀공자 같은 이미지의 배우가 어떻게 두 손과 두 발이 묶인 채로 역경에 처하고 그것을 극복해나가면서 성장하는가를 보여주지요. 여기에서 각각의 배우들의 인간미가 드러나고 우리는 이렇게 살아가고 있고, 앞으로도 낯선 여행길과도 같은 인생을 묵묵히 살아가겠구나 하는 형이상학적인 삶의 근본 문제에까지 답하는 그런 여운을 남기게 되는 것입니다.

2013년에 큰 인기리에 종영된 드라마 〈응답하라 1994〉의 경우도 명문대에 입학했지만 아직은 성숙하지 못한 젊은이들이 어떻게 성장해나가는가를 보여줍니다. 다양한 시련들이 주어지는데 이 또한 영웅의 여정과 비슷한 것들이고 주인공들은 이를 차례차례 극복해 나갑니다. 전 국민을 대상으로 한 '가수의 꿈 이루기' 오디션인 〈슈퍼스타 K〉의 경우엔 누가 제일 노래를 잘하는가보다는 경연 과정을 통해 누가 가장 극적인 성장의 스토리를 펼쳐내는가에 주목하는 대표적인 프로그램입니다.

이렇게 우리가 즐겨보는 TV 프로그램들은 물론 가장 많이 보는 소설과 영화들이 공통적으로 다루고 있는 것이 바로 우리 모두가 걸어가고 있는 원형적인 삶의 단계들이라면 세상에 작가가 아닌 사람은 없다고도 볼 수 있지 않을까요?

**카이저 소제 찾기 :
인생은 이야기다**

인생이란 어쩌면 스토리텔링의 다른 말인지도 모릅니다. 영화 속 주인공들만 영화 같은 삶을 사는 게 아니기 때문입니다. 기억 속에서는 우리 모두가 그러하니까요. 실례로 수많은 참전 군인을 면담한 사회학자 하랄드 벨처의 연구 결과에 따르면 그가 인터뷰한 독일 잠수함에서 복무하던 어떤 옛 해군은 자신의 경험을 묘사하면서 계속해서 영화 〈특전 유보트〉에 등장하는 장면으로 빠져들어 갔다고 합니다. 다른 참전 군인의 경우엔 적군과의 만남을 이야기하며 자기가 적군에게 담배를 한 대 권하고 둘이 함께 불을 붙여 피운 다음 그를 놓아 주었다고 말했는데 이 장면은 《서부전선 이상 없다》라는 꽤 유명한 문학작품에 등장하는 장면과 일치했습니다. 그렇게 수많은 인터뷰 끝에 내려진 결론은 전쟁 이야기에서 보편적인 서술이 존재한다는 것이었습니다.

'마지막 순간에 가까스로 도망가기'가 바로 그것인데 마지막 비행기로 스탈린그라드를 탈출했다거나 마지막 헬리콥터로 사이공을 탈출했다는 사람들을 모두 계산한다면 그때 비행기나 헬리콥터는 아마 엄청나게 컸을 거라는 점입니다. 그런데 이 참전 군인들이 의식적으로 이야기를 지어냈거나 책이나 영화의 한 장면을 사용한 것이 아니라고 합니다. 우리는 모두 어떤 면에서는 이야기꾼이기 때문에 무의식적으로 자신의 이야기에 극적 긴장감을 부여하고 이야기를 듣는 사람이 공감을 느낄만한 요소를 넣는 특성을 가지고 있다는 것이지요. 연구자들은 이것이 인간의 기억이 가지고 있는 기본적인 특성이라고 입을 모읍니다. 그러므로 우리에게 필요한 것은 있는 그대로의 기억이 아닌(이런 것은 사실상 존재하지도 않지요) 훌륭한 이야기입니다. 영웅의 여정을 걷는 우리 모두가 어떻게 성장해나갈 것인가에 대한 이야기인 것입니다.

2014년 아카데미 시상식에서 최우수 감독상을 수상한 〈그래비티〉나 최우수 작품상을 수상한 〈노예 12년〉의 경우도 한 인간이 죽음과도 같은 역경에 처해 어떻게 정신적인 죽음을 맞이하고 좀 더 성장한 존재로 부활, 즉 정신적으로 다시 태어나 변모해나가는가를 다루고 있는 훌륭한 이야기들이었습니다. 더 나아가 영국을 대표하는 작가로 손꼽히는 그레이엄 스위프트Graham Swift는 〈강마을〉에서 이야기와 인간에 관한 진실에 대해 다음과 같이 쓰고 있습니다.

"정의하자면, 인간은 이야기하는 동물이다. 어딜 가든 혼돈의 흔적이나 빈 공간이 아니라 이야기의 편안한 부표와 표지판을 남기고 싶어 한다. 끊임없이 이야기를 만들어 내야 한다. 이야기만 있으면 만사 오케이다. 마지막 순간에서조차, 추락 중 찰나의 순간이나 익사하기 직전에조차 인간은 전 생애의 이야기가 눈앞을 빠르게 스쳐 지나가는 것을 본다."

우연은 없다
필연만이
있을 뿐

> 작가의 삶이
> 바로
> 그 작품이다

그래서일까요, 세상에서 가장 창의적인 직업 중 하나인 작가의 세계에서도 훌륭한 이야기의 모델은 다양한 신화와 종교적 설화 그리고 심지어는 브리태니커 백과사전에도 존재하지만 이것들은 이야기의 재료가 될 뿐이고, 사실상 작가들이 작품의 영감을 얻는 원천은 따로 있습니다.

그것은 바로 작가의 삶 그 자체입니다. 이러한 원리를 잘 보여준 영화가 바로 〈유주얼 서스펙트〉이지요. 끔찍한 살인사건이 일어나고 경찰관들은 현장에서 얼뜨기 절름발이를 하나 잡아 취조를 하는데 이 절름발이는 범죄자들조차도 두려워하는 카이저 소제라는 인물과 연관시켜 사건의 경위를 설명합니다. 그런데 알고 보니 절름발이가 이야기한 사건들은 경찰서 창문에 붙어 있는 포스트잇, 책상 위에 있던 물건들의 상표를 이어 붙여 지어낸 이야기였을 뿐 실상은 절름발이가 카이저 소제였습니다.

이를 전혀 알지 못하는 경찰은 절름발이를 풀어주고 경찰서를 절뚝거리면서 나서던 절름발이가 어느새 성큼성큼 걸어 나가는 것으로 절름발이가 곧 카이저 소제였음을 알려주면서 영화는 끝이 납니다. 마지막 반전의 묘미를 보여준 영화여서 카이저 소제라는 이름 자체가 기막힌 반전을 뜻하는 단어로도 쓰일 정도인데, 사실 우리 모두의 삶이 이런 식으로 우리가 살면서 겪고 보고 접하게 되는 것들에 의해 재구성되는 것은 아닌지를 생각하게 만드는 영화가 아닐 수 없습니다. 있는 그대로의 기억이라는 것은 앞서 살펴보았다시피 존재하지 않기 때문입니다.

세계적인 작가들의 작품들도 마찬가지입니다. 《해리 포터》의 작가 제이케이 롤링J. K. Rowling의 삶을 편집하면 《해리 포터》가 됩니다. 롤링이 경험한 학창시절의 선생님들과 친구들의 이야기가 《해리 포터》에 고스란히 녹아있음은 물론, 롤링이 가장 싫어하는 곤충인 민달팽이와 거미는 《해리 포터》 속에서도 가장 무서운 장면의 괴물로 형상화되거나 친구에 대한 경멸로 사용됐습니다. 롤링은 어릴 적부터 이야기꾼이어서 아이들에게 이야기해주길 즐겼고 마법사 분장을 한 채 주문을 외우는 마법 놀이를 즐겼다고 합니다. 롤링이 톨킨의 《반지의 제왕》의 열혈 독자였던 만큼 《해리 포터》가 《반지의 제왕》의 영향을 많이 받은 작품임은 잘 알려진 사실입니다. 또 해리 포터의 절친 헤르미온느라는 캐릭터는 롤링 자신이 그 모델이며, 실제로 롤링은 교사로 일했던 경험도 가지고 있어서 호그와트 마법학교에서의 선생님들과 학생들 사이에서 일어나는 일들을 좀 더 생생하게 그려낼 수 있었습니다. 심지어 롤링은 출판사에서 일한 적도 있어서 출판계의 돌아가는 생리를 잘 알기도 했지요. 해리 포터라는 이름 자체도 해리는 롤링이 늘 좋아하던 친구의 아들인 한 소년의 이름이었고, 포터는 그녀가 일곱 살 때 이웃에 살던 가족의 성을 조합

우리가 보고 듣고 접하는 것들에 의해
재구성되는 것이 바로 삶입니다

카이저 소제 (케빈 스페이시 분)

II. 자기 자신이 된다는 것

한 것입니다. 이외에도 《해리 포터》에 등장하는 괴물의 이름이나 각 등장인물의 이름과 캐릭터는 롤링이 살면서 만난 사람들에게서 영감을 얻었거나 그녀가 즐겨 탐독했던 고대 그리스 신화와 북구 신화에서 차용해 온 것들로 채워져 있습니다.

톨킨J. R. R. Tolkien의 경우도 마찬가지여서 《반지의 제왕》을 탄생시킨 톨킨의 첫 흥행작인 《호빗》은 사실 문헌학자로 새로운 언어 만들기를 즐기다보니 결국엔 북구 신화의 세계를 탐독하게 된 톨킨이 자신의 어린아이들을 위해 들려주던 이야기를 한 출판사의 권유로 다듬어낸 것이었다고 합니다. 그러니까 톨킨이 결혼을 안하고 자식들도 없었다면 《호빗》이란 작품은 물론 예상치 못한 《호빗》의 인기 때문에 연달아 쓰게 된 《반지의 제왕》도 쓰지 않았을 거란 가정이 가능해집니다.

톨킨은 제1차 세계대전에 참전한 경험을 가지고 《반지의 제왕》에서의 웅장한 전쟁 장면들을 쓰는데 활용했으며 《나니아 연대기》의 작가이기도 한 C. S. 루이스C. S. Lewis를 비롯한 뜻이 맞는 친구들과 어울려 서로가 쓴 작품들을 낭독하는 모임을 가진 것이 《호빗》이나 《반지의 제왕》이 탄생하는데 많은 역할을 했다고 합니다. 그런데 바로 이런 점 때문에 《반지의 제왕》은 남성들간의 우정만을 그리고 있다는 점에서 지극히 마초적이라는 비난을 받기도 합니다.

톨킨이란 작가 자체도 지독히 보수적인 시대에 보수적인 가톨릭 교육을 받은 사람이기 때문에 나타나는 보수적인 세계관 때문에 비난을 받은바 있었습니다. 남녀의 성 역할에 대해 너무나 남성 중심적이기 때문인데 이는 톨킨의 삶을 들여다보면 충분히 이해가 되는 부분입니다. 그토록 웅장한 톨킨의 작품세계도 막상 하나하나 해부를 해보면 톨킨 자신의 성격과 관심사 그리고 인생의 경험들을 반영하고 있는 것이고 그 다채롭고 웅장한 이야기들의 원형은 톨킨이 평생토록 즐겨 읽었던 북구의 신화에서 차용해 온 것들이 대부분이라는 사실입니다.

미국의 체호프라 불리며 1980년대 미국 단편소설 르네상스를 이끌었다는 평가를 받는 작가 레이먼드 카버Raymond Carver의 사례도 흥미롭습니다. 열아홉 살의 나이에 뱃속에 이미 자신의 아이를 임신한 열다섯 살 먹은 여자 친구와 결혼할 수밖에 없었던 카버는 연달아 낳은 1남 1녀의 아버지로 살며 힘겹게 작가의 삶을 이어나간 인물입니다. '더러운 리얼리즘'이라고 불릴 정도로 하루 벌어 하루를 먹고사는 평범한 인간 군상들의 면모를 실감나게 그려낸 카버의 작품들 속에는 그 자신의 더러울 만큼 고단했던 삶의 체험들이 녹아 있어 읽는 이들의 심금을 울립니다. 카버는 한 인터뷰에서 "한 번도 자전적인 것을 쓴 적은 없지만, 내 작품은 대부분 나 자신에 대한 것들입니다"라고 말했는데 실제로 그를 괴롭혔던 지독한 가난과 알코올 중독 그리고 짐스럽기 짝이 없었던 아이들의 존재야말로 카버의 훌륭한 단편들 속에서 빛나는 창의력의 근원이었음은 주지의 사실입니다.

훗날 《대성당》이라는 역작을 발표해 헤밍웨이 이후 가장 영향력 있는 소설가라 불리며 미국의 대표적인 단편 작가로 자리매김하게 됐을 때 카버는 저주스러웠을 정도로 고단했던 자신의 삶이야말로 그가 작가가 되기 위해 진정으로 원했던 체험이었음을 깨달았던 것 같습니다. 카버의 작품들은 운에 의해 이리저리 휩쓸려 다니는 것이 인간의 삶이라는 것을 인정하면서도 그 운명의 가혹함 앞에도 꺾이지 않는 무언가를 이야기하고 있기 때문입니다. 오히려 그 처절한 운명 덕분에 자기 자신이라고 여

잔인했던 나의 삶 덕분에
더러운 리얼리즘을 대표하는
작가가 될 수 있었죠

레이먼드 카버

겼던 좁은 세계에서 벗어나 마침내 타인과 세상을 이해하게 된 평범한 사람들, 그리고 어쩌면 우리 모두가 한 번쯤 경험해봤을 법한 깨달음의 순간이 묘사되어 있습니다.

이렇게 우리 모두는 원형적으로 존재하는 비슷한 단계의 영웅의 여정을 일생을 통해 걸어가고 있는 존재들이지만 각각의 개인들이 그 속에서 겪게되는 체험은 저마다 다르고 그러한 개인의 체험 중에 소중하지 않은 것은 없다는 진리를 깨닫게 됩니다. 그래서 니체는 '아모르 파티'라는 개념, 즉 운명을 그 자체로 사랑하는 말을 했나봅니다. 우리가 살면서 어디에서 온지 모르게 주어지는 것, 즉 운명이 곧 삶이니 사랑하라는 것입니다. 그럴 때만이 우리는 우리의 운명을 반짝이는 보석으로 다듬어낼 수 있기 때문입니다.

결국에 나라는 사람이 겪는 모든 일들이 하나도 버릴 것 없이 소중하다는 것은 유명작가들의 사례에서 보듯 각자가 자신만의 신화를 쓰고 있다는 것에서 찾아볼 수 있고, 우리 모두는 신화 속에 천 개의 다른 얼굴로 등장하는 영웅들처럼 결국엔 같은 길을 걷지만, 서로 다른 체험을 하고 있다는 것, 다시 말해 나만의 신화를 써나가고 있다는 사실에 근거하고 있습니다. 니체가 찬탄해 마지않는 '창조적 인간'이 된다는 것은 바로 이럴 때 우리가 쇼펜하우어의 말마따나 사실상 우주의 의지라고도 할 수 있는 어떤 의지에 의해 되는대로 살게 되지만, 그 속에서 진정한 나다움이 무언지를 직관적으로 알게 될 때 완성되는 상태가 아닐런지요.

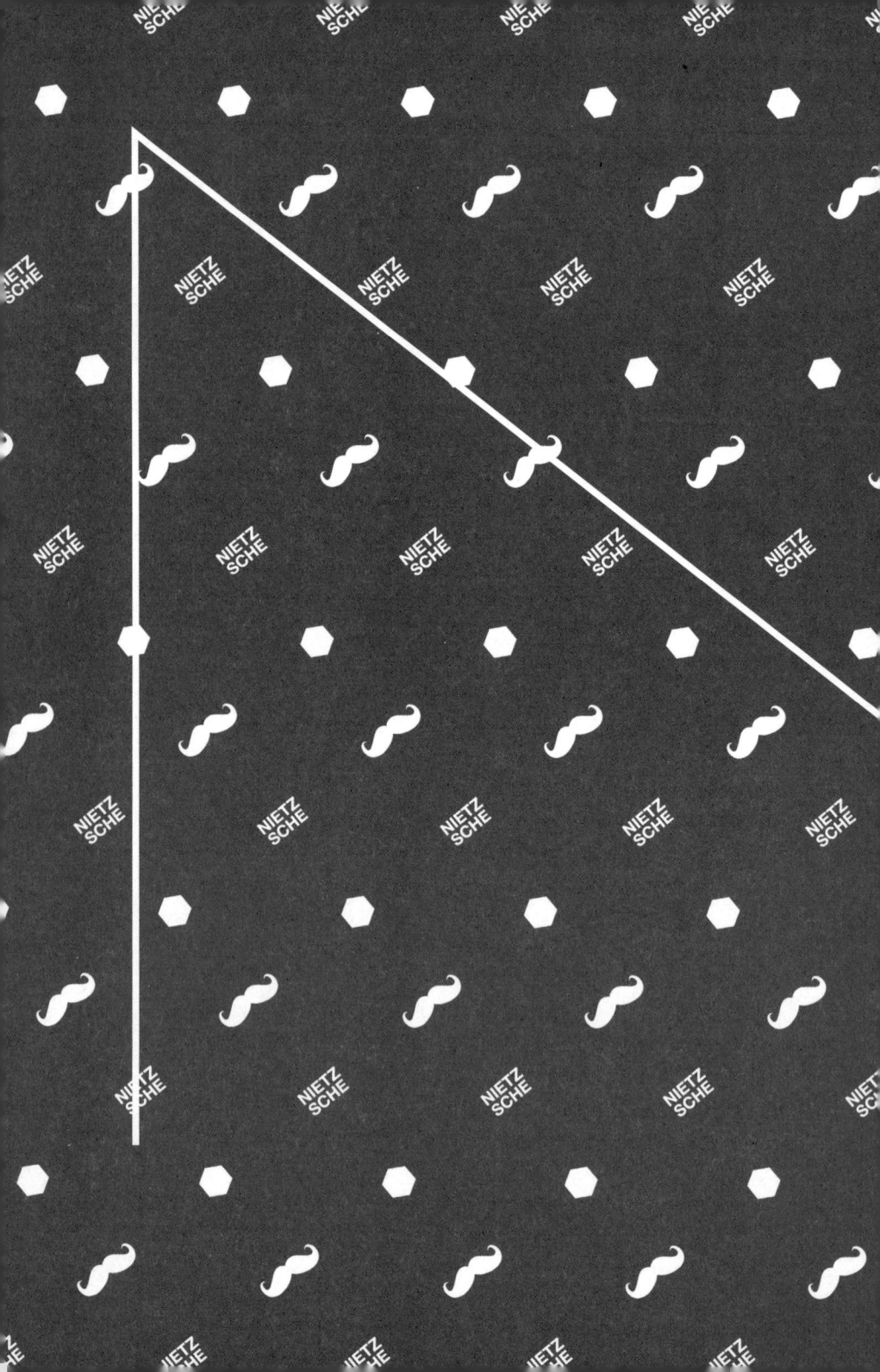

III

아모르 파티 :
주어진 운명을
사랑해야 하는
이유

창조의 순간,
우리는 신이 된다

**창조는
행복이다**

니체의 사상은 우리 안에 잠자고 있는 이러한 영웅주의를 흔들어 깨움으로서 창의적인 인간으로 거듭날 것을 요구합니다. 자라투스트라는 그래서 이렇게 말합니다.

"창조하는 자를 제외하고는 그 누구도 무엇이 선이고 악인지 알지 못한다. 그렇게 가르침으로써 나는 그 졸음을 쫓아냈다. 창조하는 자는 인류가 추구해야 할 목표를 창조해내며, 이 대지에 의미와 미래를 주는 자다. 창조하는 자만이 비로서 선과 악이라는 성질을 창조해낸다."

니체에게 창조란 단 하나의 실재하는 종교와도 같은 것이었습니다. 창조의 순간 우리는 우주와 하나가 됩니다. 창조의 순간 우리는 행방불명이 됩니다. 낡은 에고에서 벗어나 생애 최초로 자기 자신을 발견하게 되는 것이지요. 예를 들면 이렇습니다. 세계적인 신경생물학자 한나 모니어Hannah Moir는 평생토록 연구에 몰두해 온 삶을 통해 무엇을 얻었냐는 질문에 이렇게 대답했습니다.

"연구를 통해 얻는 것? 인생에서 가장 아름다운 순간이죠. 제가 몇 달 전부터, 때로는 몇 년 전부터 기다려온 결과를 함께 연구하는 동료가 알려줄 때, 그리고 갑자기 퍼즐 맞추기에서처럼 연관성이 드러날 때, 저는 저 자신을 완전히 잊어 버립니다. 잠깐 동안 시간이 멈추죠. 지금 이 일만 생각하고 다음 순간조차도 생각하지 않게 돼요. 저 자신과 세계가 하나로 결합되어 있다는 심오한 느낌이 밀려오고요. 그럴 때는 기억도 아무 구실을 못해요. 거의 신비 체험에 가까워요. 잠깐 동안, 오롯이 현재에 있는 경험."

세계적인 뇌 과학자 빌라야누르 라마찬드란Vilayanur Ramachandran도 행복이 무엇이냐는 질문에 대해 비슷한 대답을 내놓고 있습니다. 열정과 몰입이 바로 행복이라는 것인데 인도에서는 이를 '라사'라고 부른다고 합니다. 라마찬드란이 보기에 단지 매혹되었기 때문에 과학을 하는 사람, 고아를 양육하는 사람, 조각상을 수집하는 사람 등등 우리가 흔히 괴짜라고 부르는 사람들은 행복을 위한 열쇠를 가지고 있습니다. 몰입하는 동안 그들은 자신의 작은 자아를 잊고 자신이 삶이라는 큰 드라마의 일부임을 깨닫기 때문이라고 합니다.

니체가 단 하나의 가치 있는 덕이자 삶의 심오함과 숭고함을 깨닫게 만드는 요소로 '창조'를 꼽은 이유도 마찬가지입니다. 나라는 에고에서 벗어나 세계와 하나가 되는 것이 바로 창조이기 때문입니다. 니체에 따르면 신이란 온 우주의 창조 에너지에 대한 집합적인 명칭일 뿐인데, 창조의 순간에 우리는 신의 일부가 될 수 있습니다. 창조하지 않는 사람은 존재의 흐름과 분리됩니다. 창조가 무엇인지를 한마디로 정의하기는 힘들지만 그것이 삶의 질을 고양시키는 것이어야만 함은 분명합니다. 창조는 우리가 사는 세상을 더 아름답고 살기 좋은 곳으로 만들고 또한 삶 그 자체를 기쁨으로 가득하게 하는 것이어야 합니다.

자라투스트라는 그래서 창조만이 우리에게 존엄성을 가져다줄 수 있다고 이야기합니다. 창조하지 않는 한 - 그것은 그림이 될 수도 있고 춤이나 노래가 될 수도 있죠 - 우리는 행복할 수 없습니다. 불행이 그림자처럼 우리를 쫓아다닐 것입니다. 이것이 삶의 기본 법칙이기 때문에 누구도 여기서 벗어날 수 없습니다. 창조만이 우리가 활짝 꽃 피어나도록 도울 것입니다. 들뢰즈는 그래서 니체를 '다름'을 창출하고 '다름'을 향유하는 차이의 철학자, 긍정과 기쁨만을 아는 밝고 환한 철학자로 해석합니다. 그렇다면 창조란 무엇일까요? 위대한 창조는 과연 어떻게 이루어지는 것일까요?

디먼, 지니어스 그리고 창의력

이에 대한 해답을 제시해줄 연구가 있습니다. 수년 전, 줄리아 로버츠 주연으로 영화화된 세계적인 베스트셀러 《먹고 기도하고 사랑하라》의 저자 엘리자베스 길버트Elizabeth Gilbert는 전업 작가로 살아온 자신을 평생 괴롭혀온 '창의성'에 대해 진지한 고민에 빠졌습니다. 과연 세상을 뒤흔들 만한 놀라운 아이디어는 어디에서 오는 것일까요?

길버트에게 책을 쓰는 것은 직업이기도 하지만 생애 전반에 걸친 열정과 호기심의 대상이었습니다. 그러던 어느 날 그녀의 작품 중 하나인 《먹고 기도하고 사랑하라》가 베스트셀러가 됐고 그녀는 전 세계적으로 유명해졌습니다. 그런데 기쁨보다는 더 큰 고민이 밀려왔다고 합니다. 만나는 사람마다 그녀에게 이런 질문을 해왔기 때문입니다.

"앞으로 이것보다 더 훌륭한 책을 쓴다는 것은 불가능할 텐데 두렵지 않니?"

너무나 큰 성공이 어느 날 갑자기 길버트의 삶에 나타났고, 그녀는 실제로 이보다 더 나은 작품을 앞으로 남은 생애를 통틀어 또 쓸 수 있을지 장담할 수 없었습니다. 이런 아이러니는 그녀가 창의적인 일을 하는 사람들, 다시 말해 기존에 없던 무언가를 새로 발견하고 세상에 자신의 작품을 내놓는 사람들에 대한 연구를 시작하는 계기가 되었습니다. 그들은 자신과 같은 작가거나 예술가일 수도 있고, 새로운 제품이나 서비스를 만들어낸 기업가일 수도 있습니다.

길버트는 우선 창의성에 대한 기존의 기록과 연구 결과를 살펴보았습니다. 작가라는 직업은 그녀에게 무엇이든 그 본질을 연구하려면 그것의 역사를 먼저 훑어보는 것이 가장 현명한 방법임을 다년간에 걸친 경험으로 증명해주었기 때문입니다.

그녀의 주목을 끈 것은 고대의 그리스와 로마 사회가 창의성을 다루던 방법이었습니다. 그 당시 사람들은 창의성이라는 것은 인간한테서 나오는 것이 아니라고 믿었다고 합니다. 그들은 창의성이란 미지의 어떤 곳에서 어떤 불가사의한 이유로 창의적인 일을 하는 사람을 찾아와서 도와주는 신성한 혼이라고 믿었습니다. 그리스인은 이것을 '디먼Demon'이라고 불렀는데 이는 소크라테스로부터 비롯된 사고방식입니다. 소크라테스는 먼 거리에서 디먼이 자기에게 지혜의 말을 들려준다고 믿었습니다. 플라톤이 소크라테스의 사상을 정리한 책인 《대화》를 보면 소크라테스가 사람들과 대화를 나누며 길을 걷다가도 갑자기 멈춰서서 한 시간이 넘게 디먼과 대화를 나눴다는 기록이 여러 차례에 걸쳐 나옵니다. 소크라테스처럼 평생을 논리적인 사고 위에서 참된 지식과 그 가치를 찾으려

지니어스는 놀라운 창의력의
또 다른 이름입니다

엘리자베스 길버트

고 한 사람이 일종의 정령과도 같은 디먼의 목소리에 귀를 기울이고 모든 판단의 기준을 디먼에게서 찾았다는 것은 참으로 아이러니한 사실이 아닐 수 없지요. 디먼은 과연 실재하는 존재였을까요?

디먼이 오늘날 '양심'이라는 말의 어원이 됐음을 볼 때 이는 인간의 육체와 분리된 영적인 존재가 아닌 우리 마음속에서 나오는 양심의 소리라고 보는 것이 맞을지도 모릅니다. 선불교적인 관점으로 풀면 우리 안의 주인공이 들려주는 불성에서 나오는 소리라고도 할 수 있을 것입니다. 소크라테스는 모든 사람의 생각, 즉 마음속에는 항상 다른 사람이 존재하고 있다고 설명했습니다. 우리의 생각 속에 이미 타자가 존재하는 것입니다. 실제로 우리가 마음속으로 하는 생각을 한번 살펴볼까요.

우리는 항상 우리 안에 있는 어떤 존재와 이야기를 나누고 있습니다. 예를 들어 당신이 오늘 서점에 가기로 마음먹었다고 가정해봅시다. 혼자 갈 예정이지만 이미 마음속에는 두 사람이 대화를 나누고 있습니다.

"오늘 서점에 가서 어떤 책을 볼까?"
"일단 베스트셀러부터 보는 게 좋지 않겠어?"
"아니야, 원래 내가 보려던 책부터 봐야지."
"그래. 항상 베스트셀러 진열대에만 가서 책을 훑어보다가 금세 피로해져서 원래 보려던 책은 못 보고 돌아올 때가 많았지, 참."
"그러니까 오늘은 보려고 목표했던 철학 책부터 보고, 나오는 길에 베스트셀러 진열대를 잠깐 들르는 게 어때?"

이런 식의 마음속 대화는 끝도 없이 이어지곤 합니다. 즉, 나는 하나지만, 나의 생각은 언제나 하나 속 둘의 대화인 것입니다. 그래서 금세기 최고의 정치 철학자이자 사상가인 한나 아렌트는 "인간은 단수Man가 아닌 복수Men다"라는 위대한 통찰을 남기기도 했습니다. 사람을 단수로 생각하는 플라톤적인 생각은 잘못됐다는 것이지요. "내 속에 내가 너무도 많아"라는 유행가의 한 대목처럼 한 인간의 내면에는 복수의 자아가 웅크리고 있습니다. 그래서 인간은 자기 자신과 끊임없는 대화를 나누고 무엇이 옳은 일인가에 대해 마지막 숨을 거두는 날까지 끝없는 논쟁을 벌이는 존재입니다. 소크라테스가 혼자 있을 때도 항상 디먼과 이야기했고, 나머지 시간의 대부분을 제자와 이야기하거나 시장통에 나와 있는 처음 보는 사람과 대화를 이어나갔던 이유도 여기에 있습니다. 그는 인간이 진리를 발견할 수 있는 길은 오직 대화를 통해서뿐이라고 믿었습니다.

로마인도 이와 같은 생각을 가지고 있었습니다. 그들은 육체에서 분리된 창의적인 혼을 '지니어스Genius'라고 불렀지요. 오늘날 천재를 가리키는 지니어스라는 단어의 기원이 여기서 비롯됐습니다. 그런데 당시 지니어스는 천재를 의미하는 말이 아니었다고 합니다. 지니어스는 일종의 집요정 비슷한 것이어서 예술가가 일할 때 몰래 벽에서 나와 그들의 일을 도와주고 그 작품의 결과를 정해주는 존재였습니다. 소크라테스의 디먼처럼 인간이 생각지 못한 부분을 일깨워주는 존재였으나, 이 또한 인간과 분리된 존재라기보다는 우리 내면의 또 다른 자아를 좀 더 쉽게 설명하기 위해 가져온 개념이라고 이해하면 됩니다.

지니어스라는 개념 덕분에 그 시대의 예술가는 과도한 자아도취에서 보호되었고 엉터리 작품이 나와도 모든 것이 그 예술가의 잘못은 아니었습니다. 단지 지니어스가 좀 게을렀던 탓으로 돌릴 수 있는 여지가 충분히 있었던 것이지요. 훌륭한 작품 또한 예술가 개인과는 분리된 별도의 존재인 지니어스가 도와준 것이므로 창의적인 일을 해낸 사람 혼자 모든 칭찬을 다 받을 수 없었습니다.

그런데 르네상스 시대에 접어들면서 이런 상황이 급격히 바뀌었다고 합니다. 신이나 신비는 더 이상 숭배하거나 의심 없이 믿어야 하는 영역이 아니었습니다. 인본주의 시대가 오면서 각 개인을 우주의 중심에 놓는 거창한 아이디어가 생겨났습니다. 합리적 인본주의의 시작이었고 이때부터 사람들은 창의성이 각 개인한테서 직접 나온다고 믿었습니다. 그래서 인류 역사상 처음으로 어떤 예술가가 지니어스를 가졌다고 말하지 않고 그 예술가 자신을 지니어스라고 말하기 시작했습니다.

길버트는 이런 개념에 완전히 반대합니다. 인간에 불과한 어느 한 개인이 모든 신성함과 창의성, 영구한 신비성의 원천이며 또 그러한 정수를 보관하고 있는 원천이라고 기대하는 것은 하나의 연약한 인간에 불과한 그 사람에게 태양을 삼키라고 요구하는 일과 마찬가지라는 것입니다. 과학적으로는 어떨지 몰라도 그녀가 내린 결론은 세상 어딘가에 창의적인 활동을 하며 세상에 없는 아이디어를 간절히 구하는 사람을 돕는 지니어스가 실제로 존재하고, 원하는 사람은 모두 그것을 구할 수 있다는 것입니다.

작가로서 평생 창의성이 탄생하는 과정을 경험해본 그녀에게 창의성이란 미칠 정도로 변덕스러운 과정이며 결코 합리적이지 않은 느낌이었습니다. 그녀뿐만이 아닙니다. 미국의 특출한 시인인 루스 스톤Ruth Stone은 길버트와의 만남에서 자신이 평생토록 멋진 시를 쓸 수 있던 순간에 대해 털어놓았습니다. 루스 스톤은 버지니아의 시골에서 자라며 종종 밭에서 일하곤 했는데 저 지평선으로부터 시가 자신을 향해 달려오고 있다는 것을 온몸으로 느낄 때가 있었습니다. 그것은 마치 요란한 돌풍과도 같았습니다. 그 돌풍은 대지 위를 날며 그녀에게 똑바로 달려왔는데 그럴 때는 발밑의 땅이 울리는 것 같았다고 합니다. 그러면 그 순간 하던 일을 모두 멈추고 그녀의 말마따나 죽자고 뛰어서 재빨리 연필과 종이를 손에 쥐고 시가 천둥소리처럼 자신을 뚫고 지나가는 순간 그 시를 손으로 잡아 재빨리 종이에 옮겨야 했습니다.

그런데 어떤 때는 죽어라 하고 뛰었는데도 집에 도착하지 못하면 그 시는 그냥 그녀를 꿰뚫고 지나가서 시를 놓치게 되고 그녀의 말에 따르면 다시 다른 시인을 찾으려고 돌풍과 같이 날아갔습니다. 어느 날은 달려가는 시를 거의 놓칠 뻔하다 간신히 집에 도착해 종이를 찾고 있는데 시가 그녀를 막 관통하는 바람에 가까스로 연필을 잡지 않은 반대쪽 손을 뻗어서 겨우 시를 잡은 적도 있었습니다. 그럴 때는 꼬리 쪽부터 시를 잡는 바람에 한 자도 안 빼고 완벽하게 다 적기는 했지만 시가 완전히 거꾸로 적혀서 마지막 글자부터 시작했다고 합니다.

이와 비슷한 경험을 음악가 톰 웨이츠Tom Waits도 털어놓았습니다. 몇 년 전 길버트와 한 인터뷰에서 그는 창의성에 대해 다음과 같이 말했습니다.

"나도 평생을 음악가로 살면서 창의적 충동을 조절하는데 애를 먹었습니다. 그런데 나이가 들자 마음이 좀 더 평온해지더군요. 하루는 로스앤젤레스 고속도로에서 운전하다가 기발한 아이디어를 생각해냈지요. 운전 중에 기막힌 멜로디 조각 하나가 갑자기 떠오른 거예요. 갑자기 번쩍했다가 사라지는 영감처럼 눈부시게 멋진 멜로디라는 걸 알 수 있었는데 안타깝게도 그것을 기록할 종이나 녹음기를 가지고 있지 않았죠. 이 멜로디를 놓칠 것 같은데 만약 그렇게 된다면 그것이 평생 나를 따라다니며 괴롭힐 거란 생각이 들었죠. 그래서 그동안 해보지 않았던 아주 기발한 행동을 했습니다. 하늘을 쳐다보면서 이렇게 외친 거죠. '멜로디야!

너는 지금 내가 운전하고 있는 것이 안 보이니? 내가 지금 노래를 받아 적을 형편이 된다고 생각해? 네가 정말 존재하고 싶다면 너를 악보에 옮겨 담을 수 있는 좀 더 적절한 시기에 다시 나를 찾아오려무나. 그럴 수 없다면 어디 가서 다른 사람이나 괴롭히지 그러니?'

그러고 나서부터 나는 한결 홀가분해졌어요. 나와 창의성을 분리해서 생각하기 시작했죠. 이제 나는 나 자신이 아닌 내 몸 밖에 사는 어떤 존재와 일종의 대화를 나누며 언제든 내가 원할 때 그 존재를 만나는 괴상하고 이상한 협력을 하고 있지요."

웨이츠는 길버트가 찾아낸 고대의 지니어스를 현대에도 만나고 있는 사람입니다. 창의성, 즉 놀라운 아이디어는 어디서든 발견될 수 있다는 것, 결코 자신이 천재이거나 운이 좋아서 창의성을 발휘하는 것이 아니라는 사실을 겸허하게 받아들였습니다. 그것은 그저 소크라테스의 디먼처럼 내 안에서 속삭이는 존재이며 내가 원할 때 대화가 가능한 내 안의 또 다른 나입니다.

이 개념은 무척이나 모호하게 들릴 수도 있습니다. 길버트가 창의성에 대해 말하려는 바는 결국 창의성이란 천재의 소유물도 아니고, 누구나 발견할 수 있으며, 원한다면 자기 것으로 만들 수 있는 놀랍고도 불가사의한 경지라는 점입니다. 이는 창의적인 발견을 한 사람의 특출함은 결코 그 자신한테서 나오는 것이 아니라는 우리의 상식을 뛰어 넘는 주장입니다. 그런데 이런 생각은 비단 길버트만의 것이 아닙니다. 창의성과 천재의 상관관계를 연구하는 일군의 과학자들은 고대의 사람들이 정령이라고 여겼던 '디먼'이나 '지니어스'가 어떻게 나타나는지를 오랜 연구 끝에 현실의 세계로 가져왔습니다. 다음의 이야기가 바로 그것입니다.

내 안의
천재 만나기

괴짜 과학자, 생각하는 모자를 발명하다

공상과학 영화에 자주 등장하는 괴짜 과학자 역할이 너무나 잘 어울리는 생김새의 앨런 스나이더Allan Snyder는 시드니 국립대학의 정신연구센터 소장으로 일하며 그의 생김새만큼이나 드라마틱한 일들을 만들어내고 있습니다.

큰 키에 호리호리한 몸매를 가진 스나이더는 넥타이까지 챙겨 맨 정장차림에 야구모자를 빗겨 쓰길 즐기는 사람입니다. 스나이더 연구팀은 최근 머리에 쓰고 있는 동안 한시적으로 두뇌 능력을 향상시키는 '생각하는 모자'를 발명했습니다. 우울증 치료에도 효과적인 것으로 알려진 경두개 자기 자극방법을 이용한 이 신기한 모자는 바로 뇌의 특정 부위에 자기 파장을 전달해 신경세포를 활성화해주는 장치입니다.

이들의 엉뚱하고도 기발한 연구 결과는 〈타임스〉, 〈데일리 메일〉 등에 보도되어 세간의 관심을 받았습니다. 과연 뇌의 특정 부위에 전기 자

생각하는 모자를 쓰면
누구나 천재가 될 수 있지요

앨런 스나이더

극을 주는 모자를 씀으로써 보통 사람도 뇌 안의 숨겨진 능력을 끌어낼 수 있을까요? 스나이더의 말을 들어보겠습니다.

"우리는 모두 범상치 않은 예술적 감각, 기억력 등을 지니고 있지만 일상생활을 유지하느라 그 능력을 의식하지 못하고 있지요. 우리 연구팀은 그동안 특정한 사고 분야에서 뛰어난 능력을 보여주는 자폐증 환자 연구 기술을 이용해 이 모자를 개발했습니다. 실제로 이 '생각하는 모자'를 쓰면 쓰기 전에는 없었던 숨겨진 능력들을 발전시킬 수 있습니다."

정말로 모자를 착용한 사람들 중 약 40%가 모자를 쓰기 전보다 훨씬 세밀한 묘사로 자연스러운 그림을 그려냈으며, 20% 가량은 그 전에 읽은 문서에서 미처 발견하지 못한 오자를 찾아내는 등 평소에는 없던 능력을 발휘했습니다. 안타까운 것은 이 생각하는 모자의 효과가 한 시간 정도만 지속된다는 사실입니다.

어느 날 갑자기 천재가 된 사람들

스나이더 연구팀이 마치 공상과학 소설의 한 대목처럼 보이는 이 연구를 지속하는 데는 남다른 사연이 있습니다. 스나이더는 원래 수년간 섬유광학에 빠져 빛이 어떤 과정을 거쳐 길을 찾아가는지 연구하던 물리학도였습니다. 그러던 중 빛이 인간의 망막에 도달해 어떤 경로로 변환되어 뇌에서 이미지로 인식되는지를 연구하면서 자폐증 환자들의 사례를 알게 되었고, 곧 이들이 보여주는 놀라운 능력에 매료되고 말았지요.

스나이더가 만난 '서번트'라고 불리는 소수의 자폐증 환자들은 언어 능력을 포함한 사회적 능력이 일반인에 비해 현저히 떨어지는 대신 음악이나 수학, 공간 인지능력 등 우리가 천재적 재능이라고 찬사를 보내 마지않는 부분에서 탁월한 재능을 보였습니다.

영화 〈레인맨〉에서 더스틴 호프먼이 연기한 서번트증후군을 앓는 자폐아의 실제 모델인 킴 픽Kim Peek이라는 남성이 그 좋은 예입니다. 킴 픽은 운전이나 식사 등 일상생활을 하는 것조차 어려움을 겪었으나 역사, 문학 등 15개 부문에서 '메가 서번트'라는 찬사를 들을 정도로 천재성을 보인 서번트증후군 환자였습니다. 〈레인맨〉은 일상생활이나 상식적인 태도를 유지하는 데는 어려움을 겪지만 숫자나 언어 등의 암기에서는 천부적 재능을 가진 자폐증 환자를 주인공으로 하여 서번트증후군을 일반인에게 널리 알린 영화가 되었습니다. 스나이더가 만난 서번트 환자들 가운데 어떤 사람은 "숫자 1,234,567,980을 만들려면 어떤 수와 어떤 수를 곱해야 하는가" 같은 질문에 1초도 걸리지 않고 정답을 말했습니다. 트레버라는 여섯 살 난 아이는 어느 날 형이 피아노 치는 것을 한 번 듣고 바로 피아노 앞에 앉아 형보다 더 훌륭하게 연주를 해냈습니다. 또한 태어날 때는 모든 것이 정상이었던 나디아라는 소녀는 두 살쯤 되던 해부터 엄마와 눈 마주치기를 피하고 말을 걸거나 웃어주어도 반응을 보이지 않기 시작했습니다. 심지어 엄마를 알아보지 못하는 상황까지 벌어졌다고 합니다. 커갈수록 아이는 의사표현을 제대로 하지 못했으며 또래에 비해 굼뜨고 온종일 종이를 찢는 놀이를 반복했습니다.

그렇게 세 살 반이 되던 무렵부터 나디아는 펜을 잡고 그림을 그리기 시작했습니다. 되는 대로 끼적거리는 아이 수준의 그림이 아니었습니다. 어떤 교육도 받지 않았지만 나디아는 미술 교육을 꾸준히 받은 성인이 그릴 수 있는 수준으로 말이 질주하는 모습을 스케치했습니다. 대부분의 사람이 윤곽을 먼저 그리면서 그려나가는 것과 달리 나디아는 어떤 부분이건 생각나는 대로 그려나갔습니다. 말의 부분 부분을 자세히 묘사한 뒤 최종적으로 이 부분들을 연결해 말의 모습을 완성해냈지요. 아이는 자폐성 천재, 즉 서번트증후군을 앓고 있었던 것입니다. 지금도 스나이더의 연구실에는 나디아가 그린 질주하는 말의 모습이 액자에 걸려 있습니다. 나디아는 세 살 무렵에 레오나르도 다빈치 수준의 말 그림을 그릴 줄 알았습니다. 하지만 그 능력을 발휘하는 대가를 치르기라도 하듯 언어 발달이 또래에 비해 현저하게 늦었습니다. 그런데 아이가 치료를 통해 또래들과 비슷한 수준으로 언어능력을 개발해나가기 시작하자 다시 놀라운 현상이 나타났습니다.

나디아가 발휘했던 그림 그리기 실력이 그 나이 또래 수준으로 퇴보해버린 것이었습니다. 더욱 놀라운 사실은 이런 현상이 나디아와 같은 서번트증후군을 앓는 사람에게서만 나타나는 것이 아니라는 점입니다. 토미 매퀸이라는 리버풀에 사는 건축업자는 5년 전까지만 해도 붓을 들어본 적이 없었습니다. 그런데 어느 날 토미의 부인이 화장실에서 얼굴이 잿빛으로 변한 채로 쓰러져 있는 남편을 발견하고 병원으로 옮겼지만 치명적인 뇌손상을 입고 말았습니다. 뇌를 돌고 있던 피가 맥류에서 새어나온 것이었습니다. 토미의 뇌에서 창작을 담당하는 부분에 손상을 준 이 혈류는 그때부터 그에게 한시도 쉬지 않고 여느 예술가 뺨칠 만한 수준의 그림들을 쏟아내게 만들었습니다. 평생 그림이라고는 그려본 적이 없는 토미에게서 주체하기 힘들 만큼의 창작 욕구가 마구 솟아나기 시작한 것입니다. 치료를 받으면서 토미가 밤을 새워 그림을 그려대는 일은 줄어들었지만, 지금도 그의 그림 실력은 수준급입니다. 그는 살면서 그림을 그리는 법에 대해 어떤 교육도 받은 적이 없습니다. 이런 현상은 올랜도 세렐이라는 소년에게서도 나타났습니다. 세렐은 열 살 때 야구공에 머리를 맞고 나서 몇 달 후 차의 번호판, 장문의 시, 일기예보 등을 줄줄이 외우는 능력을 갖게 됐습니다.

스나이더는 서번트증후군을 앓는 사람은 물론 평범한 사람에게도 어느 날 갑자기 찾아온 천재적인 능력에 대한 의문의 답을 찾기 시작했습니다. 그는 과학자 대부분이 이런 비상한 재능에 대해 '강박적인 학습'이라는 간단한 설명을 내놓는 데 반기를 들었습니다. 그의 말을 들어볼까요.

"모든 사람은 내부에 이러한 천재성을 지니고 있습니다. 그러나 대부분의 사람에게 이러한 것들은 무의식 속에 잠겨 있지요."

스나이더는 자폐아와 사고로 천재적인 능력이 생긴 일반인을 연구하며 천재란 두뇌가 가진 뛰어난 처리 능력에 쉽게 접근할 수 있는 사람이라는 결론을 내렸습니다. 사람들이 다른 사람의 얼굴을 인식할 때 뇌는 즉각 양쪽 망막에 맺힌 두 개의 상 사이에서 미묘한 차이점을 분석해 물체까지의 거리를 계산해냅니다. 이것을 컴퓨터로 재현해내려면 막대한 양의 메모리와 빠른 연산처리장치가 필요합니다. 우리가 매일같이 쉽게 하는 이런 행동 하나에도 엄청난 뇌의 작용이 숨어 있는 셈입니다. 그런데 스나이더에 따르면 자폐성 천재는 뇌의 작용 과정 중 가장 윗부분, 즉 개념적 사고와 결론 처리 능력이 어떤 경로나 유전적 요인 등으로 없어져 버린 사람입니다. 그들은 이 윗부분이 없기 때문에 정확한 세부 사항을 기억해내고, 빛의 속도와 같은 빠르기로 계산할 수 있으며, 엄청나게 숙련된 예술가만이 할 수 있는 노련한 수준의 그림을 그리는 등 다양한 작품을 만들어냅니다.

스나이더가 '생각하는 모자'를 발명해낸 원리도 이와 같습니다. 그는 천재적인 능력을 발휘하게 된 사람이 보통 사람도 모두 가지고 있는 자신의 '기억창고'에서 남들보다 탁월하게 필요한 정보를 잘 찾아내고 끄집어낸다고 여깁니다. 그리고 그런 능력이 생기게 된 것은 선천적이든 후천적이든 간에 뇌의 일부분, 특히 언어능력과 사회성을 담당하는 부분의 능력이 둔해지면서 나타난 현상입니다. 우리가 사회를 살아나가는 능력, 즉 언어능력이나 사회적인 스킬을 익힘에 따라 애초에 타고난 잠재능력을 퇴보시키는 결과를 가져온다는 것입니다. 다시 말해 성장과 동시에 인생을 살아가는 보다 정교한 능력들을 습득하면서 그 대가로 우리의 타고난 뇌의 창조 영역을 막아버리는 결과를 낳는지도 모른다는 것이 스나이더의 생각입니다.

"우리는 아주 작은 정보들을 받아들여서 이것을 분류해 하나의 개념으로 만듭니다. 이 개념들이 틀로 굳어져서 큰 그림만 보고 이를 이루는 작은 부분들은 보지 못하는 거죠. 우리 뇌는 일부러 이 작은 부분들에 대한 작용을 억제합니다."

스나이더는 누구든 뇌를 발달 이전의 초기 상태로 돌리면 그들이 태초부터 가지고 있는 창조적 재능이 열린다고 봅니다. 앞서 살펴본 나디아라는 소녀의 경우도 레오나르도 다빈치 뺨칠 만한 그림 실력이 왜, 어떻게 나왔느냐가 중요한 것이 아닙니다. 그가 중요하게 여기는 것은 왜 보통 사람은 할 수 없으며, 정상적인 뇌에서는 안 되는데 뭔가 부족하고 장애가 있는 뇌에서는 가능한가입니다. 연구에 연구를 거듭한 끝에 스나이더는 머리에 일시적인 자기파를 줌으로써 뇌의 일부분을 일시적으로 정지시켜 가려진 잠재력을 인위적으로 일깨우는 모자를 생각해냈습니다. 이 모자는 사용자가 정보를 있는 그대로 저차원적으로 수용할 수 있게 도와줍니다. 즉, 언어능력과 사회적 활동을 담당하는 좌뇌의 활동을 억제함으로써 창조를 관장하는 우뇌를 자유롭게 풀어주는 원리입니다. 스나이더의 연구에 동조하는 샌프란시스코 대학의 신경학자 브루스 밀러Bruce Miller는 50~60대의 치매 환자들을 연구하면서 이 중 일부가 어느 날 갑자기 음악과 미술에 재능을 보인다는 것을 알았습니다. 이들의 뇌를 촬영해본 결과 좌뇌의 혈압이 낮고 신진대사도 비정상적으로 늦다는 사실이 밝혀졌지요. 밀러는 이렇게 말합니다.

"이 치매환자들은 사물의 언어학적 의미를 상실합니다. 특히 측두엽 이상으로 생기는 치매는 사물의 이름을 기억하는 뇌의 뒤편에 손상을 일으키죠. 이 환자들은 사물의 이름을 정확하게 기억하지는 못하지만 사물을 매우 아름답게 그려낼 수 있는 능력을 얻습니다."

밀러는 천재적 자폐아나 사고로 뇌손상을 입은 사람들 그리고 치매 환자 중 일부에게서 유사점이 있음을 발견했습니다. 저주인지 축복인지 모르게 이들에게는 우뇌의 장점을 마음껏 발휘할 기회가 주어졌습니다. 그 결과 평생토록 배운 적도, 원해본 적도 없는 능력이 생겨났지요. 이들에게 찾아온 것은 디먼이나 지니어스가 아니었습니다. 극단적으로 장애를 겪는 사람의 경우에서도 천재적이라고 불릴 만한 창조력은 오로지 그 사람 자신에게서 나왔습니다. 우리 뇌는 그만큼 모든 것이 가능한 신비의 영역이자 불가능이 존재하지 않는 미지의 영역입니다. 우리는 살면서 수많은 것을 접하고 그런 정보들을 무심코 흘려보내지만, 우리 무의식의 어딘가에는 세상의 모든 정보와 지식이 압축돼 저장되고 있는 것입니다.

우리가 알아야 할 것은 어떻게 그 정보를 꺼내 새로운 조합을 만들고, 사용하느냐입니다. 천재가 되기 위해 일부러 뇌에 손상을 줄 수는 없는 일입니다. 또한 이처럼 뇌손상이 생긴 사람은 자신이 왜 천재적 능력을 발휘하는지 이해하지 못하며 그것을 즐길 줄도 모르면서 무작정 해내고 있는 경우가 대부분이지요.

우리가 스나이더의 연구를 통해 얻어야 할 유일한 교훈은 우리 뇌가 무한한 가능성을 지니고 있다는 점입니다. 우리는 모두 우리가 원한다면 얼마든지 발휘할 수 있는 천재적 능력을 늘 어깨 위에 얹고 다니는 이 작은 머릿속에 무한대로 담고 있는 것입니다.

편집력,
진화력
그리고 창조력

생명이 곧 편집이다

문제는 결국 왜 우리가 그 무한한 가능성을 제대로 써먹지 못하고 있느냐입니다. 해답을 찾기 위해 먼저 우리는 매 순간 편집에 의해 존재하고 있다는 사실을 살펴볼까요.

모든 생명체의 역사라는 것 자체가 DNA의 4개의 코드를 다르게 조합하고 편집한 것이기 때문인데, 앞서 작가들의 창의력이라는 것도 이미 존재하고 있는 신화들을 서로 다른 방식으로 편집하고 이에 더해 작가들의 삶 자체가 하나의 신화로써 창작에 이용되었다는 것을 알아보았습니다. 실제로 삶이라는 것 자체가 그렇게 우리가 주의를 기울이는 방식에 따라 편집되는 것입니다. 그래서 24시간으로 이뤄진 하루 일과는 1분으로 압축해서, 즉 편집해서 이야기할 수도 있지만 반대로 고무줄처럼 늘어나기도 합니다. 하루에 일어난 일들을 그야말로 하루 종일 이야기할 수도 있는 것입니다. 우리는 인상 깊었던 경험에 관해서는 그에 관련된 과거와 현재의 기억은 물론 그것과 연결된 사실들을 모두 끄집어내어 이야기할 수 있는 이야기꾼들이기 때문이지요.

이런 관점에서 본다면 세상에 편집이 아닌 것이 없음을 저는 전작 《나는 왜 일하는가》에서 이야기한 바 있습니다. 예를 들면 이런 것입니다. 우리가 가장 신뢰할 수 있는 정보 중 하나로 여기는 뉴스도 편집에 의해 탄생합니다. 똑같은 정보가 뉴스거리로 주어져도 어떤 기자가 그 뉴스를 편집하느냐 혹은 신문의 논조가 어떠냐에 따라 헤드라인이 달라지기 때문에 같은 뉴스라도 완전히 다른 이야기를 하고 있는 경우가 생깁니다. 우리에게 전해지는 정보는 무엇이 됐든 그 정보를 가공한 사람이 입혀준 옷을 입고 우리에게 걸어오는 존재들인 것입니다.

종교라는 측면에서도 불경이나 성경 모두 그 종교의 역사 자체가 편집입니다. 모든 종교는 당대의 지식인들이 다음 대의 지식인들에게 여러 가지 정보를 전해주는 가운데 점차 편집되어 나타나는 형태를 가지고 있기 때문입니다. 신약성서를 보면 이러한 사실이 두드러지는데 마태복음이라던가 로마서, 고린도전서 등과 같이 하나하나가 편집자에 따라서 이름이 붙여져 있습니다. 그리스 신화나 북구의 신화 등에서처럼 각각의 민족에 전해져온 이야기도 대부분 시간을 거치면서 편집된 것입니다.

편집은 건축물들에서도 찾아볼 수 있는데 앙코르 와트 사원은 법화경 전체를 입체화시킨 것이고, 고딕 양식이라 불리는 건축법에 기초한 사원은 대부분 성서에 기초하고 있어서 이를 일컬어 '보는 성서'라던가 '텍스트 건축' 등으로 분류하는 것입니다. 성당의 아름다운 스테인드 글라스 한 장에도 종교적 정보가 편집되어 있는 것도 좋은 예입니다. 이렇게 편집은 문자로만 존재하는 것이 아니라 건축이나 예술 등 다방면에서 이루어지고 있다는 사실입니다. 그렇다면 우리의 삶과 역사 그리고 모든 활동의 근본인 편집은 어떤 목적을 가지고 이뤄지고 있는 것일까요?

잡스는 트위커였다

그 목적은 바로 '진화'에 있습니다. 진화를 위한 편집이라는 게 과연 무엇인지를 보여주는 실제 사례로 스티브 잡스에 관한 이야기를 들 수 있습니다. 잡스가 사망한 2011년에 월터 아이작슨Walter Isaacson이라는 전기 작가가 잡스를 직접 인터뷰해 그의 인가를 얻어 써낸 공식적인 전기가 발표됐습니다.

온 세계가 잡스 추모의 물결로 넘처날 때 세계적인 경영 사상가이자 베스트셀러 작가인 말콤 글래드웰Malcolm Gladwell은 잡스의 전기에 대한 서평이기도 한 놀라운 견해를 내놓습니다. 잡스의 천재성이 발명이 아닌 편집에 있었다는 것인데, 아이작슨이 쓴 잡스의 전기를 보면 잡스는 발명가라기보다는 기존의 제품을 적절하게 개량해 적용하는 '트위커Tweaker'였다는 것입니다. 트위커는 기계, 특히 컴퓨터를 미세하게 개량해내는 사람을 뜻하는 말입니다.

글래드웰은 마우스와 아이콘을 이용해 조작하는 매킨토시 컴퓨터의 경우 주요 부분의 특징을 제록스 연구소의 기술자들로부터 차용했으며 아이팟을 내놓은 것도 첫 번째 휴대용 디지털 음악기기가 1996년에 출시되고 나서 수년이 지난 2001년이었음을 지적합니다. 아이폰 역시 스마트폰들이 이미 시장에 나오고 나서 그 장점과 단점을 분석해 내놓은 계량 제품이며 아이패드의 아이디어는 잡스 가족의 친구와 결혼한 마이크로소프트의 기술자로부터 아이디어를 따온 것임을 이야기합니다. 아이팟과 아이폰 그리고 아이패드가 모두 남의 아이디어를 응용해 나왔다는 것인데 이에 대한 사람들의 반응은 의외로 무척이나 차가웠습니다.

글래드웰에게 엄청난 비난이 쏟아졌습니다. 요지는 너나 잘하라는 거였지요. 아이디어의 기원을 따져 올라가면 이 세상에 새로운 아이디어

잡스는 발명가가 아니라 트위커였습니다

말콤 글래드웰

III. 아모르 파티 : 주어진 운명을 사랑해야 하는 이유는 하나도 없다는 것이 진실이기 때문이며 글래드웰의 베스트셀러들도 그러한 지적에서 자유롭지 않을 것이기 때문입니다.

우리 모두는 새로운 것을 창조해낸다고 하지만 실은 이미 존재하는 것을 색다르게 편집해낼 뿐입니다. 퍼즐의 조각은 그대로 존재하는 것인데 그 조각들을 가지고 새로운 퍼즐을 짜맞춰 낼 수 있는 것이 바로 창조이며 그 본질은 편집력인 것입니다.

물론 글래드웰이 지적한 부분은 결코 틀린 말이 아닙니다. 하지만 사람들이 특히 애플의 사용자들이 크게 반발한 까닭은 애플은 이제 하나의 브랜드를 넘어 거의 종교의 반열에 올랐기 때문입니다.

창조는 우리 모두의 운명이다

실제로 애플은 제품을 판다기보다 삶의 한 방식을 판매하는 것처럼 보입니다. 애플 제품에 대한 사람들의 무조건적인 호의에서도 애플이 가지고 있는 종교적인 성향이 드러납니다. 실례로 아이폰 5가 출시되기도 전에 아이폰 4S를 아이폰 5라며 보여주었을 때 10명 중 9명이 아이폰 4S보다 나아졌다는 응답을 했다고 합니다. 여기에는, 다시금 성장이라는 코드가 숨어 있습니다. 이는 종교와 애플이 갖는 공통점으로 애플이 창조해낸 생태계라고 할 수 있는 앱스토어는 무한한 가능성의 장입니다. 누구나 각자가 가지고 있는 고유의 편집력으로 앱을 만들어 올릴 수 있고 그 결과 하룻밤 사이에 억만장자가 탄생하기도 합니다. 애플은 그렇게 각자의 편집력으로 다함께 성장해나갈 수 있는 구도를 짜놓은 것이고 이것은 모든 종교가 사람들에게 전파하고자 하는 성장이라는 코드와 일치하는 것입니다. 그래서 '애플교'라는 신조어가 탄생했으며, 모든 창조는 편집에 의해 이뤄지는 것이지만 그 중에서도 가장 빛나는 창조는 이렇게 다 같이 성장해나가자는 진화에 목적을 둔 것일 때만 가장 큰 힘을 발휘함을 알 수 있습니다.

이유는 간단합니다. 모든 생명체의 목적이자 운명은 성장, 즉 진화를 위한 것이기 때문입니다. 진화한다는 것은 우리가 원하는 대로 더 나은 세계를 만들어가는 일이며 이를 위해 우리 자신이 가지고 있지만 미처 깨닫지 못한 에너지를 개발해나가는 과정입니다.

선조들은 불가능하다고 여긴 일들이 우리 시대에는 이루어지고 있는 이유도 여기에 있습니다. 우리 모두가 함께 성장, 즉 진화에 나간다는 것을 과학적으로 풀어보면 우주에는 집단적인 정보가 저장된 일종의 통합체가 존재하고 있어 우주가 생성된 이래 쌓여온 모든 정보가 낱낱이 기록되어 왔다는 이론과 일치하기 때문입니다.

과학자들은 이 통합체를 영점공간이라고 부르고 칼 융 같은 심리학자는 집단 무의식이라 불렀으며 불교에서는 아뢰야식이라고 부르는 것입니다. 기독교에서는 창조주 여호와에 해당되며 어떤 사람들은 이를 단순히 신이라고 지칭할 수도 있을 것입니다.

노벨 물리학상 수상자이며 양자물리학의 아버지라고도 불리는 막스 플랑크Max Planck는 "영점공간은 적어도 형체를 지닌 모든 것에 대한 설계도를 갖고 있는 것으로 보인다"고 설명합니다. 미시간 대학의 심리학자 리처드 니스벳Richard Nisbett 박사도 "옛 선조들의 정보가 시공간을 뛰어넘어 현대인들에게까지 대물림된다"고 이야기합니다. 영국의 루퍼트 셸드레이크Rupert Sheldrake 박사도 몇 번이나 같은 일이 반복해 일어나면 그런 일이 일어나는 '형태의 장'이 만들어지고, 이 '형태의 장'에 공명함으로써 같은 일이 다시 일어날 수 있음을 밝혀냈습니다. 셸드레이크 박사의 이야기를 들어볼까요.

"사람을 비롯한 동물이나 식물의 모양새뿐만 아니라 행태나 행동양식에도 '형태장'은 영향을 발휘한다. 연구 결과 동물의 행태에 영향을 미치는 형태장도 근본 원칙에 있어서는 생물체의 모양새를 정하는 방식과 동일한 원리에 따라 작용하는 것 같다. 만약 여기 한국에 있는 쥐에게 새로운 재주를 한 가지 가르칠 경우 얼마 후 뉴욕의 쥐, 오스트레일리아의 쥐, 아프리카의 쥐들이 같은 재주를 배울 경우 더욱 쉽게 익혀간다는 이야기이다."

이는 어떤 불가능하다는 일도 한 사람이 일단 해내고 나면 그것이 형태장에 정보로 기록되고 또 다시 누군가는 그 정보를 이용해 그와 같은 일을 또 해낸다는 이야기입니다. 그렇게 계속 우리 모두는 함께 진화해 나가고 있다는 것이지요. 칼 융은 그래서 한 개인이 깨달음을 얻으면 전체 무의식의 어둠이 밝아진다고 이야기했습니다. 결국에 진화력이란 성장을 위한 편집의 다른 말이고 이것이 곧 가장 빛나는 창조력의 정체라고 할 수 있을 것입니다.

디오니소스,
그 황홀경을 만나라

> 당나귀처럼
> 뒤뚱거리며
> 올레를 외치기

이제 다시 엘리자베스 길버트가 찾아낸 창의성의 실체에 대한 이야기로 돌아가 보겠습니다. 그녀는 디먼과 지니어스에 대한 또 다른 예로 오늘날 우리들이 흥겨울 때 쓰는 감탄사로 빠지지 않는 '올레'라는 단어의 기원에 대해 설명합니다. 이 말은 여러 세기 전 북아프리카의 사막에 살던 사람들이 달빛 아래 모두 모여서 밤새도록 종교 댄스와 음악을 즐긴 데서 비롯되었습니다. 이러한 광경은 그 다음 날 새벽까지 계속되었고 댄서들의 실력도 뛰어났기 때문에 굉장히 멋있었다고 합니다.

그런데 아주 가끔가다, 어쩌다 한 번씩 신기한 일이 생기곤 했습니다. 춤추는 댄서 중 한 명이 초월 상태로 들어가는 놀라운 광경이 벌어진 것입니다. 그때는 앞서 설명한 몰입의 순간처럼 마치 시간이 정지하며 그 댄서가 일종의 관문 같은 것을 통과해서 어떤 경지에 도달하는 것처럼 보였습니다. 그 댄서 자신은 전에 천 번도 넘게 췄던 똑같은 춤을 추고 있었지만 어쩐지 평소와는 좀 다르다는 느낌이 드는가 하더니 갑자기 그 댄서가 단순한 인간처럼 보이지 않는 것이었지요. 다시 말해 그의 몸과 다리가 마치 몸의 내부에서 타오르는 신성한 불꽃으로 빛나는 것처럼 보이는 순간이 있었습니다. 그럴 때면 당시 북아프리카 사람들은 그들 앞에서 신성한 일이 일어나고 있음을 알고 두 손을 모아 신을 찬양했습니다.

"알라, 알라, 알라, 신이여, 신이여, 신이여, 저건 분명 신이 하시는 일입니다!"

여기서 흥미로운 역사적 사실은 무어족이 남부 스페인을 점령했을 때 이러한 풍습을 스페인으로 가져갔는데 수백 년의 세월이 지나며 발음이 "알라, 알라, 알라"에서 "올레, 올레, 올레"로 변했다는 것입니다. 이 말은 이제 투우나 플라멩코 댄스를 할 때 들을 수 있는 감탄사가 되었습니다. 또한 전 세계적으로 감탄을 금치 못하는 훌륭한 공연이나 장면을 볼 때도 사람들은 덩달아 "올레"를 외치곤 합니다.

문제는 신의 경지를 보여주며 "올레"라는 극찬을 받았던 댄서가 눈을 뜬 그 다음 날 아침입니다. 해가 중천에 뜬 지는 오래고 댄서에게 어젯밤의 기억은 꿈인지 생시인지 몽롱할테지요. 자신은 그저 무릎에 문제가 있는 한 인간에 불과하며, 언제 다시 그렇게 멋진 공연을 펼칠 수 있을지도 모르고, 이제 아무도 "올레"라는 찬사를 보내지 않을지도 모릅니다. 이런 걱정에서 자유로운 사람은 아무도 없을 것입니다.

그런데 고대인이 그러했듯이 창의적인 재능이란 그저 신으로부터, 아니면 어떤 초월적인 존재로부터 일시적으로 대여된 것이며, 일단 일이 끝난 다음에는 다시 다른 사람에게 전해줘야 한다고 믿는다면 만사가 달라집니다.

길버트는 창의성의 역사를 돌아보다가 깨달음을 얻었습니다. 그녀는 터무니없게 성공한 자신의 책을 뛰어넘는 작품을 평생 쓰지 못할지도 모릅니다. 지니어스가 더는 그녀를 찾지 않을지도 모르기 때문입니다. 그럼에도 그녀는 매일같이 당나귀처럼 뒤뚱거리며 자세를 바로잡고 한 줄 한 줄 글을 써나가야 합니다. 작가라는 직업이 가진 아이러니는 한순간도 떠나지 않는 두려움을 다스려야 한다는 점입니다. 그녀는 자신이 쓰고 있는 책이 큰 실패작이 될 것이며 인류 역사상 가장 쓰레기 같은 책이 될 수도 있다는 사실을 겸허히 받아들여야 합니다. 그러니 그냥 글쓰기를 포기하는 게 어떨지 고민하게 되는 순간이 매번 찾아오지요.

하지만 길버트는 오랜 고민 끝에 이런 현실을 무서워하지 말고 위압당하지도 말고 그냥 자기 일을 묵묵히 하는 것만이 자신이 할 수 있는 최선이자 다시 한 번 지니어스를 맞이하는 길임을 깨달았습니다. 이것은 비단 그녀에게만 해당되는 이야기가 아닙니다. 세상엔 어쩌면 창의적인 직업이 아니라 창의적인 삶의 태도만이 있을 뿐일지도 모릅니다. 직장인이건 프리랜서건 예술가이건 알고 보면 다 비슷한 일상의 반복입니다. 그녀는 말합니다.

"당신이 하는 일이 무엇이든지 계속해서 당신 몫을 하러 나가라. 당신의 직업이 춤추는 것이면 춤을 춰라. 만약 당신이 하는 일이나 작품을 위해 하늘이 내려준 괴상하게 생긴 지니어스가 단 한 번만이라도 경이로운 순간을 보여준다면 더 말할 것 없이 '올레'이고 그렇지 않더라도 당신의 춤을 춰라. 그리고 어쨌든 스스로에게 '올레'라고 외쳐라."

길버트는 오늘도 이 말을 생각하며 다른 사람들에게도 계속 가르쳐줘야 한다고 믿습니다. 그녀는 자신이 당나귀처럼 뒤뚱거리며 하루도 거르지 않고 힘겨운 글쓰기를 하는 만큼 세상 모든 사람이 더없는 인간적인 사랑과 고집을 가지고 계속 걸음을 옮기는 것에 대해 "올레"를 보내는 사람입니다.

길버트가 이야기하는 창의성을 바라보는 새로운 시각은 그녀의 고통스러웠던 경험에서 나온 감동적인 결론일뿐 아니라 전혀 천재적이지 않은 대부분의 사람들 누구에게나 언제든 창의성이 발현될 수 있다는 희망과 용기를 북돋아줍니다.

그녀가 이야기하는 지니어스의 정체는 사실 우리가 살면서 쌓아온 여러 가지 선입견과 편견, 그리고 기존의 상식을 걷어내고 순수하고 참된 내면의 나에게 귀를 기울이는 방법입니다. 앞서 살펴본 스나이더가 개발해낸 생각하는 모자의 원리와도 같습니다. 기존의 습관화된 뇌 활동을 멈춰보는 것입니다. 서번트나 치매 환자 그리고 갑작스러운 사고로 좌뇌와 우뇌가 균형적으로 움직이지 않게 된 사람에게 나타나는 현상도 마찬가지입니다. 이들은 본의 아니게 좌뇌의 활동이 억압되었고 그 결과 천재에 가까운 창조력을 얻었습니다. 이것이 마치 지니어스 요정이 잠시 다녀간 것과 같은 현상입니다.

지니어스를 개인과 분리시켜 생각한 것은 인간의 내면 깊숙한 곳의 자아가 그만큼 천진난만한 존재이기 때문입니다. 어린아이들이 어른이 하지 못하는 생각을 하고 무한대로 창의적인 것처럼 우리 마음속에는 그렇게 순수하고 창의적인 자아가 숨어있습니다. 하지만 이를 끄집어내기란 어려운 일이어서 사고를 당하거나 장애가 있는 경우를 제외하고는 오로지 자신의 세계에 깊이 몰입할 때만 가능합니다.

디오니소스를 만난 니체, 신기를 발휘하다

니체가 창조성의 모태로 손꼽은 '도취'야 말로 내 안의 지니어스를 만나는 방법입니다. 니체는 도취의 형태를 '아폴론'과 '디오니소스'라는 그리스 신화의 두 신에 비유했습니다. 아폴론이 상징하는 것은 우리의 좌뇌적인 성향입니다. 분석적이고 논리적이며 언어기능을 담당하는 것으로 알려진 좌뇌처럼 아폴론은 투명하고 밝고 아름다운 표면의 신으로 순수하고 균형 잡힌 형식의 유지를 통해 우리를 진정시키는 힘입니다.

반면에 디오니소스적 도취는 우리의 우뇌를 상징합니다. 우뇌는 정보를 전체적으로 종합하면서 예술적인 기능을 담당하는 것으로 알려져 있습니다. 술의 신인 디오니소스는 그리스의 전통적 신화 체계 속에서도 중심 자리를 차지하지 못하고 변두리 자리에 머무른 신이었지만 그 신을 기리는 의식인 디오니소스제는 불가사의할 정도로 융성했다고 합니다. 디오니소스 신화 및 의식은 본래 트라키아, 크레타, 이집트 등의 다른 나라에서 그리스로 유입된 것으로 경건함 속에서만 진행되던 다른 공식적 종교 행사와는 전혀 다른 특이성을 갖고 있었습니다. 신들린 상태에서 고함을 지르며 춤추기, 염소 가죽으로 만든 공 위에서 젊은이들이 외금발로 뛰기, 음란성을 띤 조롱, 여성이 행사를 주관하는 점 등이 마치 우리나라 무당의 굿거리 판을 보는 듯한 특징을 가지고 있지요.

니체가 이러한 디오니소스적 힘을 찬양한 이유가 바로 여기에 있습니다. 우리는 자신에 대한 통제력을 상실하게끔 만드는 경험들 - 술, 성, 운동경기장의 뜨거운 에너지, 음악 - 을 통해 신들림을 체험합니다. 디오니소스적 황홀은 갑자기 한 인간을 전체의 일부이자 자연 그 자체로 돌려내는 경험입니다. 이럴 때 우리는 각 개인의 인격이라는 것이 환상에 불과함을 깨닫게 되며 황홀의 경험을 통해 쾌락과 고통이 근본적으로 통합된다는 니체의 말을 이해할 수 있게 됩니다.

우리에게 디오니소스적 도취를 가장 잘 보여준 사례는 아마도 2002년 월드컵때 붉은 악마를 필두로 한 응원의 경험일 것입니다. 월드컵 본선에는 수차례 나갔지만 한 게임도 이기지 못했던 한국이 2002년 느닷없이 세계 4강까지 올라간 쾌거에는 홈그라운드의 이점도 한몫을 했겠지만 전국민이 붉은악마 응원단이 되어 신들린 듯한 열광의 도가니를 만들어낸 신명, 그 역동적인 에너지에서 그 이유를 찾아볼 수 있습니다.

저명한 종교학자이자 한국학 전문가인 최준식 교수는 이를 한국인들만의 고유한 특성인 '신기'라고 설명합니다. 지구상에 한국 사회처럼 역동적인 곳도 드문데 그래서 한국인은 하루가 다르게 변하는 신기가 가득한 사람들이라는 것입니다. 최준식 교수는 신기란 '신명'이라고도 하고 그냥 '신'이라고도 하는 한국인들이 갖고 있는 역동적인 에너지를 말한다고 정의합니다. 한국인들의 의식에는 분명 엄청난 에너지가 넘쳐흐르고 있기에 한국인들이 한 번 열 받으면 세계가 놀란다는 것이지요. 물론 그 열이 금방 식기는 하지만 말입니다. 최준식 교수의 설명대로 신명이라고도 표현할 수 있는 이 신기야말로 한국인이 무엇을 하든 아주 빠르게 잘하는 현상을 설명해줄 수 있는 키워드일 수 있습니다. 다른 나라에서 수백 년 걸릴 일을 한국인들은 수십 년에 해치웁니다. 놀라운 속도가 아닐 수 없습니다.

니체가 디오니소스적 황홀경을 창조의 바탕이 되는 원동력으로 바라본 것처럼 세계 최빈국에서 오늘날 OECD 회원국 중 하나가 된 한국적 창조성의 바탕은 바로 이런 한국적 신기에 내재되어 있는지도 모르겠습니다.

샤먼과 망아경

최준식 교수는 한국인이 지닌 신기의 근간에 무속신앙이 있으며 이는 우리의 기원이라 할 수 있는 단군의 역사와 함께 시작된 것임을 이야기합니다. 단군이 무당이었다는 것은 학계의 정설로 자리매김한지 오래이며 무교는 신라와 고려 그리고 조선이라는 기나긴 역사 속에서 단 한 번도 기층부의 대표적인 종교로서 그 자리를 내어준 적이 없었다는 것입니다. 더구나 한국의 민속 예술을 논할 때 무교를 거론하지 않는 것은 차라리 어불성설에 가깝다고 합니다. 실례로 우리나라의 음악과 춤을 대표하는 종목 가운데 판소리나 산조, 살풀이춤은 절대로 빼놓을 수 없는 것들입니다. 그런데 이 지극히 한국적인 가무의 기원은 남도의 시나위 굿판입니다. 우리가 전 세계에 자랑스럽게 내놓을 수 있는 한국적인 음악과 춤은 많은 경우 무교에서 비롯된 것이지요. 그럼에도 불구하고 우리는 무교를 미신이라며 저급한 신앙 정도로만 생각하고 있으니 안타까운 일이라는 것입니다. 무교야말로 한국인들이 수천 년을 신봉한 종교로 쉽게 이야기해서 한국인과 가장 가까운 종교가 무교입니다. 무교의 주인공인 무당은 신기가 아주 강한 사람만이 할 수 있었습니다. 최준식 교수는 한국인들이 이런 종교를 오랫동안 섬겨 왔기 때문에 신기가 강하게 된 것이 아닌지를 묻습니다.

인문학자 박정진도 저서 《니체야 놀자》에서 '신'이라는 개념이 집단 무의식 '우리'의 변형이라고 이야기합니다. 영어에서 'We are the world'

라고 말할 때 그것이 잘 드러난다는 것입니다. 이런 관점에서 보면 신도 집단무의식의 다른 말일 수 있다고 합니다. 박정진이 보기에 존재는 무의식이며 정신은 신들림의 변형이면서 하위 체계입니다. 자연은 신 그 자체, 사물 그 자체, 모든 것의 그 자체이기 때문에 신들릴 것도 없고 정신을 따로 분리할 것도 없다는 것입니다. 박정진은 철학이 이제는 샤머니즘에 무릎을 꿇을 때가 되었다고까지 이야기합니다.

최준식 교수에 따르면 무교는 무당과 함께 시작한 것으로 이때 무당은 일반 신도(단골)들이 혼자 힘으로 풀 수 없는 문제에 직면했을 때 신령의 힘을 빌어 그 문제를 해결하게끔 도와주는 사람으로 하늘이나 신령계와 땅이나 인간계를 연결시켜주는 중개 역할을 하는 종교적 공능자로 정의된다고 합니다. 굿을 한다는 것은 무당이 춤과 노래를 통해 엑스터시, 즉 망아경 속으로 들어가는 일입니다. 망아경 속에서 무당은 탈혼 상태가 되고 그 상태로 신령계로 찾아가 신의 말씀을 갖고 오거나(시베리아 북미 무당의 경우), 혹은 신에게 빙의되어 신령이 무당의 몸을 빌어 말씀을 전하게(한국의 경우) 한다는 것이지요.

세계적인 종교학자 엘리아데가 《샤머니즘》이라는 책을 쓰면서 그 부제를 '엑스터시의 고대적 기술'이라고 붙인 것에서도 알 수 있듯 무당은 자신이 원할 때는 언제나 임의대로 망아경 속에 들 수 있는 기술자라고 할 수 있습니다. 그렇다면 이 망아경이란 대체 어떤 상태를 말하는 것일까요?

최준식 교수는 망아경을 통해 인간이 주객이 미분되는 혹은 통합되는 상태에 들어가게 된다고 설명합니다. 이른바 아직 질서가 잡혀지기 이전인 원초적인 카오스 상태로 회귀한다는 이야기입니다. 니체식으로 풀면 디오니소스적 황홀경이 되겠지요. 여기서는 숨 막히는 질서가 거부되고 태초의 혼돈 상태가 된다고 합니다. 모든 것이 '뒤죽박죽인' 상태로 혼연일체가 되어 섞이게 된다는 것이죠. 최준식 교수는 이를 가장 자연스러운 상태라고 봅니다. 우리나라의 무당들은 춤과 노래라는 예술 장르를 통해 얻어낸 이와 같은 상태를 통해 신과 하나가 되는 존재들이라는 것입니다.

그런데 망아경은 비단 무당들만의 것이 아닙니다. 우리가 우러러 보는 지극히 이성적이고 지적인 사람들에게서도 망아경의 황홀감이 주는 엑스터시에 대한 고백을 들어볼 수 있습니다. 앞서 몰입의 체험을 이야기한 일군의 과학자들의 사례도 망아경이라 할 수 있는데 더 가까이는 최근 동양인 최초로 하버드대 종신교수로 임명돼 세간의 주목을 받은 석지영 교수의 사례를 들어볼 수 있습니다. 자서전《내가 보고싶었던 세계》에서 석지영 교수는 발레학교를 다녔던 체험에 대해 털어놓는데, 발톱이 다 빠져나가고 아킬레스건염으로 수년을 고생해야할 정도로 강도 높은 신체훈련 속에서 그녀가 느낀 것은 놀라운 황홀경이었다고 합니다. 그때 그녀의 삶은 마치 성배를 찾아 나선 기사의 그것과도 같았다는 것입니다. 아이러니하게도 고난도의 발레 동작을 연습하는 엄격한 규제와 속박 아래 그녀의 내면은 활짝 피어난 꽃과 같이 만개했고 한없이 자유로웠다고 회상합니다. 춤을 통해 망아경의 체험을 한 것입니다. 부모님의 반대로 발레의 꿈을 접고 난 후 오늘날 장래가 촉망되는 법학교수가 되었음에도 불구하고 석지영이 그때를 자신의 인생에 있어 가장 아름다웠던 날들로 꼽는 이유입니다.

니체도 이러한 망아경이 주는 엑스터시의 체험을 했던 것 같습니다.

심지어 니체의 삶은 마치 한 명의 위대한 만신이 탄생하는 과정과 흡사할 지경입니다. 무당들이 이웃의 아픔을 보듬어 주는 만신으로 거듭나는 것은 그들이 그만큼 단련된 사람들이어서라고 합니다. 스스로 고난의 길을 통과하면서 자신을 강한 존재로 만들었기에 이런 고역을 감당할 수 있다는 것입니다. 무슨 고난의 길일까요? 바로 신병입니다. 무당들은 꽤 오랫동안 신병을 앓으면서 범인들이 상상할 수 없는 고통을 겪습니다. 이 과정을 잘 겪고 내림굿을 받아야 진정한 무당이 될 수 있습니다.

최준식 교수는 이것을 흡사 정신과 의사들의 수련 과정과 비슷하다고 이야기합니다. 정신과 의사들이 자기 분석 같은 철저하고 혹독한 훈련을 통해 거듭남으로써 환자들의 증세에 압도되지 않고 그들을 고칠 수 있는 것처럼 무당들도 마찬가지라는 것이지요. 엄청난 고통을 수반하는 신병을 버텨내야 내담자들이 내뱉는 고통을 참아 낼 수 있다고 합니다. 실제로 무당을 찾는 사람들은 오죽하면 무당을 찾아왔겠느냐 싶게 처절한 사연을 가진 경우가 많습니다. 매일같이 이런 사람들을 달래고 어루만지는 게 무당의 역할이다 보니 얼마나 고되고 힘든 일일지는 불 보듯 뻔합니다. 물론 안 그래도 힘든 사람들의 허약함을 이용해 사기를 치는 무당들도 많습니다. 하지만 옛날부터 진짜 무당의 역할이란 언제나 낮은 곳에서 아프고 힘든 사람들을 보듬는 역할이었다는 것입니다. 이렇게 진정한 큰 무당을 우리는 만신이라고 부릅니다.

니체가 다른 철학자들과 확연히 구분되는 이유도 여기에 있습니다. 니체는 타고난 천재로 24살에 바젤 대학교 문헌학 교수가 된 전도유망한 인물이었습니다. 그런데 철학자로 전향한 약 15년의 세월 동안 니체는 원인 모를 온갖 고통에 시달리며 사선을 넘나들었던 것으로 유명합니다.

츠바이크는 저서 《니체를 쓰다》를 통해 니체를 일생토록 괴롭혔던 고통의 순간들에 대한 생생한 묘사를 펼쳐내고 있는데 예를 들면 이런 것입니다.

"고문당한 육체의 아픔을 부르짖는 일은 헤아릴 수 없이 많았다. 육체의 위급함을 알려주는 백여 개의 목록표가 있는데, 그 아래에는 무서운 말이 적혀 있다.
"평생 동안 과도한 고통이 소름 끼치도록 내 곁에 존재했다."
실제로도 모진 고통이 지긋지긋한 각종 질병에 의해 찾아들었다. 예를 들어 두통은 달고 살았다. 망치로 때리듯 심한 두통이 찾아오면, 종일 소파나 침대에 무감각하게 쓰러져 지냈다. 그런가하면 객혈을 동반한 위경련, 열과 편두통, 식욕부진, 무기력증, 치질, 장울혈, 오한 및 식은 땀, 이런 것들이 번갈아가며 그를 찾아왔다. 게다가 '장님에 가까운 눈'은 조금만 힘들어도 즉시 부풀어 오르고 눈물이 흘러내렸고 정신적 노동자인 그에게 '매일 1시간 30분 정도 일할 수 있는 시력'만을 허락했다. 그러나 니체는 의사의 이런 권고를 무시하고 10시간이나 작업에 몰두했다. 그러면 이런 과도함의 대가를 톡톡히 지불해야 했다. 과로한 두뇌에 열이 오르면서 두통에 시달리고, 그 통증은 심지어 온몸의 신경으로까지 번지곤 했다. 왜냐하면 저녁 때 몸이 지칠 대로 지치면, 두뇌가 갑자기 기능을 멈추는 것이 아니라, 온갖 상념을 만들어내면서 수면제를 먹어야 마비상태로 잠들 수 있었기 때문이다.
하지만 점점 더 많은 양이 필요했다. 니체는 약간의 선잠을 자기 위해 두 달 만에 50g의 염소수산화물을 사용했다. 복용량이 늘어나면서 위장이 무섭게 거부반응을 일으켰고 그로서는 많은 대가를 치르지 않을 수 없었다. 이제 토사곽란과 새로운 두통은 새로운 약을 요구하게 되는 악순환에 빠져들었다. 이렇게 자극을 받은 신체의 기관들은 냉혹하고도 끊임없는 상호관계를 갖게 되었고, 이에 따라 가시처럼 찌르는 고통은 신체 곳곳에서 번갈아가며 그에게 찾아왔다. 위와 아래 할 것 없이 돌아가며 아팠다. 약간의 만족조차 가질 여유가 없었고, 단 한 달도 유쾌하게 자신의 고통을 잊고 지낸 적이 없었다.

20년이 지나 그의 편지들을 살펴보았을 때, 신음소리가 터져 나오지 않는 편지는 얼마 되지 않았다. 지나치게 날카롭고 예민한 신경으로부터 고통 받는 자의 절규는 갈수록 더 광적이고 격렬해졌다. 그는 자신에게 다음과 같이 부르짖거나 글로 적었다. "차라리 죽는 것이 더 편하겠다! 이제 권총 한 자루를 생각만 해도 오히려 유쾌해진다." 또는 이렇게 말하기도 했다. "무섭고 거의 중단 없는 고문이 나를 덮치면, 나는 간절히 그것이 끝나기를 갈망한다. 그런데 몇 가지 징후로 미루어 나를 구원할 뇌졸중도 멀지 않은 것 같다." 오래전부터 그는 자신의 고통에 대해 어떻게 표현해야 할지 알 수가 없었다. 고통은 이미 통렬하게 반복되면서도 만성적이었다. 놀라운 것은 그가 《이 사람을 보라》에서 당당하고 강렬하게 선언한 다음의 문구다.

"전반적으로 나는 최근 15년 동안 건강했다."

이게 도대체 무슨 소리일까요?
니체가 겪었던 무시무시한 고통을 비웃기나 하듯이 그의 신체는 전반적으로 강인하고 저항력도 있었다는 사실입니다. 건강한 독일의 목사 집안에서 유래한 니체의 유전적인 체질이나 기관 그리고 정신적 기반은 정말로 건강했다는 것이지요. 단지 신경계통만은 그의 격렬한 감정에 대해 너무 약했고, 따라서 지속적으로 요동치고 있었다고 합니다.

"나는 이제 정신과 육체의 어떤 것이 아니라, 제3의 어떤 것이다. 나의 온몸으로 완전하게 고통을 앓는다."

츠바이크는 이런 니체가 의사인 동시에 환자였다고 설명합니다. 실제로 니체는 병이 그 자신으로부터 그를 벗어나게 했다고 고백합니다. 츠바이크가 보기에 형용할 수 없는 것을 느끼고 작품화하고 고통을 앓아 온 니체는 자기 내면의 신과 조우할 수 있었던 철학자였습니다. 니체가 원인 모를 신경계통의 고통으로 몸부림치면서도 이를 그 자신의 내면에 자리 잡은 진정한 자기이자 우주의 정신이기도 한 신을 만나 자아실현을 이루는 도구로 활용해 온 과정은 마치 고된 신병 끝에 신내림을 받아 세상의 모든 고통받는 이들을 어루만지는 만신으로 거듭난 한 위대한 무당의 삶을 떠올리게 합니다.

니체가 삶의 철학자라 불리는 까닭도 여기에 있습니다. 니체의 철학은 그 자신의 삶에서 발현된 것이기에 고통과 질병으로 점철되었던 니체의 삶 자체가 바로 운명애요 삶에 대한 철저한 긍정인 디오니소스적 긍정이기 때문입니다.

"인간이 어떻게 하면 위대해질 수 있는가에 대한 공식은 운명을 사랑하라는 것이다. 우리가 운명을 사랑하게 되면, 우리는 다른 어떤 것도 소유하려 하지 않는다. 앞으로도, 뒤로도, 영원으로도 나아가려 하지 않는다. 필연적인 것을 견디거나 감추지 않고, 그것을 사랑하고자 한다."

니체의 이 강렬한 사랑의 노래만큼이나 니체가 감당해야했던 고통도 극렬했던 것 같습니다. 잘 알려져 있다시피 니체는 말년에 정신적인 붕괴를 겪고 10년 동안 제정신을 회복하지 못한 채 살다 떠났지요. 니체의 디오니소스적 황홀, 다시 말해 초월적인 영역과의 접촉을 시도하는 샤머니즘적인 면이 너무 과했던 부작용이었을까요. 실제로 샤머니즘을 연구하는 학자들은 샤먼이 망아상태에서 트랜스에 빠진다는 면에서 환각을 낳는 부작용이 있다고 지적합니다. 그래서 때로는 샤먼을 정신분열의 상태로 몰고가기도 한다는 것입니다. 자신을 잊고 물아일체가 되는 트랜스에 빠진다는 면에서는 불교의 명상수행과 버금갈만한 체험이지만 명상하는 과정에서 쏟아져 나오는 수많은 이미지들 속에서 사고능력을 잃어버린 샤먼은 무척이나 위험한 상태가 될 수 있다는 이야기입니다.

　반면에 불교에서는 아무리 깊은 명상에 빠져들어도 일상적 사고를 멈출 뿐 그것을 초월한 이른바 우주적 지성의 활동만은 계속되고 있는 상태이므로 똑같은 망아상태이지만 자아를 버리지 않는다는 차이가 있다고 합니다. 물론 샤먼적 체험의 최종단계라고 할 수 있는 가장 높은 단계의 샤머니즘에 이르면 완전히 추상적인 것만을 체험하는 상태로 갈 수 있다고도 합니다. 이럴 때 샤먼은 신과의 합일을 이뤄 우주의 본성인 사랑으로 충만한 존재가 된다고도 하지요.

　니체의 삶도 이와 같았던 것 같습니다. 심할 때는 한 해 동안 118회의 심한 발작을 일으키며 기력이 극도로 쇠약해졌던 니체는 고통과 쾌락이 하나가 되는 탈혼상태의 망아적 체험을 수도 없이 한 끝에 삶의 철학이자 삶 그 자체인 운명에 대한 사랑을 이야기했습니다. 하지만 끝내 최종단계로의 도약을 이뤄내지 못한 채 생을 마감하고 말았기에 한을 남겼습니다. 그런 한이 서린 철학이기 때문일까요. 당대에는 전혀 인정받지 못했던 니체는 오늘날 현대인들이 가장 사랑하는 철학자로 자리매김하고 있습니다.

한류 : 해원과 성장의 미학

우리나라의 현실에서 가장 빛나고 있는 창의력의 중심인 '한류' 열풍을 통해서도 이러한 사실을 발견할 수 있습니다. 우리나라 사람들이 가장 잘 이해하고 발휘할 수 있는 창조력의 뿌리는 바로 '한'이라는 정서입니다. 한류를 이끄는 창의적인 콘텐츠들의 공통점은 바로 '한풀이'라는 사실인데 이 '한'이라는 것은 간단히 이야기하면 인간의 욕망이 무한하기 때문에 생기는 응어리진 감정입니다. 모든 욕망을 다 만족할 수 없는 현실 때문에 누구나 한이 생기고 바로 이런 한 때문에 '해원'이라는 개념이 생겨났습니다. 즉, 세상에 한이 없는 사람은 없다는 사실을 전제로 이러한 한을 풀어줘야만 그 사람이 자아실현을 할 수 있다는 것으로, 한이 풀려야만 각자의 위치와 역할을 제대로 찾을 수 있다는 이야기입니다.

예를 들어 2014년에 중국에서 한류 붐을 일으켰던 드라마 〈별에서 온 그대〉의 경우도 결국엔 각각의 등장인물들의 한풀이라고 볼 수 있습니다. 악역을 맡은 재경이라는 인물은 대기업 가문이라는 가족의 한이 만들어낸 괴물로, 한풀이를 잘못된 방법으로 하고 있기 때문에 마지막엔 비참한 최후를 맞게 됩니다. 하지만 결국에 재경은 그런 삶이 잘못되었다는 것을 깨닫는 방향으로 나가게 되고 그 과정에서 재경과 얽히고설킨 다양한 인물들의 한풀이도 진행이 됩니다. 모든 것을 다 가진 물질적인 지구상의 최고의 완벽한 여자인 천송이는 사실 무식한데다 제대로 된 사랑을 모르고 그 이면에는 부모의 이혼이 남긴 상처로 괴로운 여자인데, 이 한을 풀어주는 존재가 바로 시간과 공간을 자유자재로 주무르는 전지전능한 존재이지만 마음 한구석에 자신 때문에 죽게 된 여자 아이에 대한 아픔이 남아있는 외계인 도민준입니다. 서로의 한은 서로를 통해 풀려나가게 되고 마침내 〈별에서 온 그대〉의 모든 인물들의 응어리진 각자의 한이 풀림으로써 각자의 방식대로 공통된 자아실현의 여정을 걸어나가는 행복한 모습으로 그려집니다.

이런 한풀이는 〈너의 목소리가 들려〉라는 또 다른 히트 드라마에서 아무리 극악무도한 악인이라도 그 한이 무엇인지를 들여다보고 풀어줘야 한다는 이야기로 진행되는데 그 과정에서 모든 등장 인물들의 한풀이도 자연스럽게 진행이 됩니다.

성공한 한류 콘텐츠들이 지닌 강점은 이렇게 한이 풀리면 누구나 반짝이는 별이 될 수 있다는 해원과 성장의 미학이라는 코드를 품고 있는 것이지요. 그런데 이것의 기원은 사실 우리의 신화라고 할 수 있는 무속에서 비롯된 것입니다. 무당은 원래부터 굿을 통해 가장 낮은 곳에 있는 소외당하고 고통받는 마이너한 인생들의 한을 풀어주는 존재였기 때문입니다.

박찬욱 감독의 동생으로도 유명한 박찬경 감독이 내놓은 〈만신〉이라는 다큐 영화는 이런 사실을 아주 잘 보여주고 있습니다. 앞서 살펴봤듯이 만신은 무당을 높여 부르는 말입니다. 굿이라는 게 미신으로만 볼 게 아니라 그 옛날 TV도 없고 아무것도 없던 시절에 대중들을 위한 총체적인 오락에 가까웠다는 것으로, 오늘날의 영화의 역할과 비슷한 점이 상당히 많다는 것입니다.

억울하고 소외 받은 계급이라 할지라도 굿을 할 때만큼은 같이 춤추고 웃고 놀면서 그야말로 신명을 받을 수 있었습니다. 앞서 히트를 친 한류 콘텐츠들의 사례에서도 보듯 가장 어두운 곳에 서린 한을 풀어줄 때 그에 얽힌 다양한 사람들의 한도 함께 풀리기 마련입니다. 우리에게는 이러한 전통이 아주 오래전부터 굿이라는 형식으로 내려왔고 그것이 오늘날 한류 콘텐츠들이 아시아를 넘어 세계 각국에서 사랑받는 이야기로 자리 잡게 만드는 힘이 아닌가 싶습니다.

물론 한류를 이끄는 우리나라 드라마들이 천편일률적으로 출생의 비밀이라든지 여성 수난사라고 할 만큼 막장 설정을 반복한다는 비판도 초기에는 많았지요. 하지만 이제는 드라마도 진화를 거듭해 다양한 소재와 설정을 보여주고 있습니다. 사실 출생의 비밀과 여성 수난사는 우리나라 고유의 신화나 설화 그리고 민담들에서 많이 발견되는 공통적인 특징이기도 합니다. 여기에도 신화적 요소가 숨어있는 것입니다.

세계를 무대로 〈슈퍼스타K〉를

그런데 이렇게 대부분의 한류 콘텐츠들에서 발견되는 성장과 진화의 코드는 그 원조가 그야말로 한류의 원조라고 할 수 있는 새마을 운동에서 발견되는 특징들이기도 하다는 사실입니다. 새마을 운동 또한 그 기원을 따져보면 1958년 북한의 천리마 운동과 중국의 대약진 운동을 벤치마킹한 것이었는데 이 두 사례는 처절한 실패를 거둔 것에 비해 새마을 운동은 대성공을 거둬 새마을 운동 자체를 160개국에 수출하는 결과를 낳았습니다. 세계 최빈민국이었던 우리나라가 이토록 빠른 성장을 이뤄낸 그 역사의 기록과 노하우를 많은 개발도상국가들이 배우고 싶어하고 실제로 우리가 ODA라는 공적개발원조 프로젝트를 통해서 다른 가난한 나라들을 돕는 일을 활발히 하고 있습니다.

새마을 운동은 브리태니커 백과사전에도 고유어로 실려있고 유네스코 세계기록 유산으로 등재될 만큼 세계적으로도 인정을 받고 있습니다. 이 최초의 한류인 새마을 운동의 핵심 코드가 바로 누구나 잘 살 수 있다는 '다함께 잘살자', '성장해 나가자'는 성장과 진화의 코드를 가지고 있는 것인데, 이럴 때 바로 각자의 창의력이 빛날 수 있습니다. 그래서 새마을 운동은 결과적으로 큰 성공을 거두었던 것입니다.

이런 관점에서 보면 통일이라는 시대적인 사명도 세계를 무대로 선보이는 좀 더 버전업된 새마을 운동이자 세계를 무대로 펼쳐지는 〈슈퍼스타 K〉와 같은 일이 되지 않을까 생각해 봅니다. 실제로 통일이 얼마 남지 않았다는 징조가 많이 보이고 북한의 지정학적 위치가 워낙 절묘하며 또 우리나라가 이미 세계 최빈국에서 지금은 OECD 국가 중 하나가 된 기적을 보여준바 있기 때문에, 이런 복합적인 요소들이 작용해서 통일과 맞물려 우리나라가 세계적인 투자를 엄청나게 끌어당기고 발전해나갈 수 있는 계기가 될 것이라는 전망이 설득력을 얻고 있습니다.

이런 징조의 하나로 인천에는 3만 평 규모의 BMW 드라이빙 센터가 2014년에 개장을 했습니다. 우리나라가 아직은 모터스포츠의 강국도 아닌데 다른 선진국도 아닌 우리나라에 이런 어마어마한 시설이 들어서는 데는 앞으로 통일이라는 변화와 맞물려 우리나라가 세계적인 요충지로 그 위상이 달라진다는 국제적인 기업들의 전망이 깔려있지 않나 생각해 볼 수 있습니다. 짐 로저스Jim Rogers 같은 세계적인 투자전문가가 "북한에 전 재산을 투자하고 싶다"는 말을 괜히 꺼낸 것이 아닌 이유입니다.

그렇다면 이제 이러한 성장과 진화의 원리를 바탕으로 우리가 어떻게 매일의 삶 속에서 성장해 나갈 것인지, 즉 어떻게 창조적인 인간으로 거듭나 가장 나다운 삶을 살게 되는지에 대해 살펴볼까 합니다. 니체는 '3단 변신'이라는 우화와 같은 이야기로 우리에게 그 방법을 제시합니다.

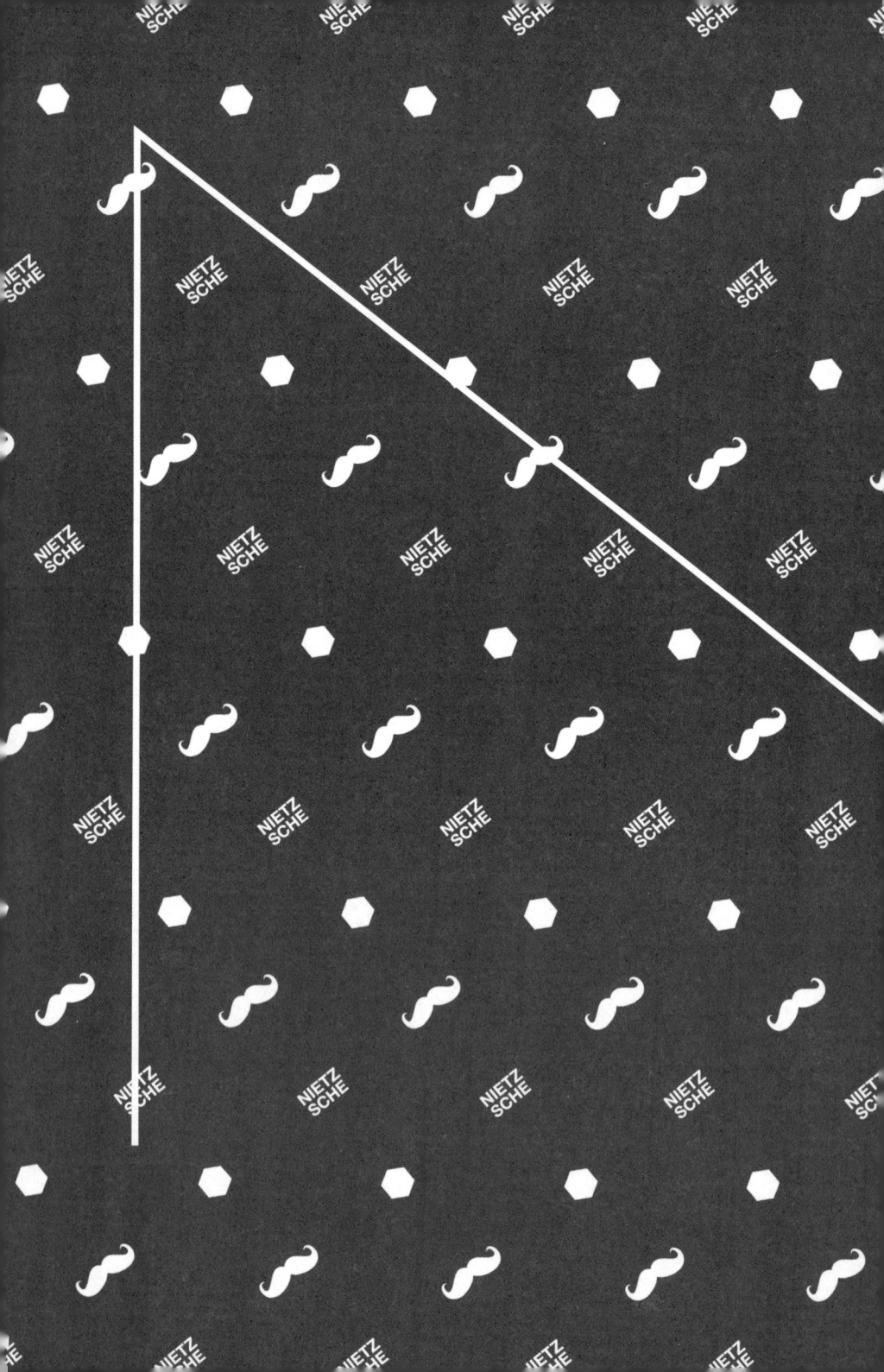

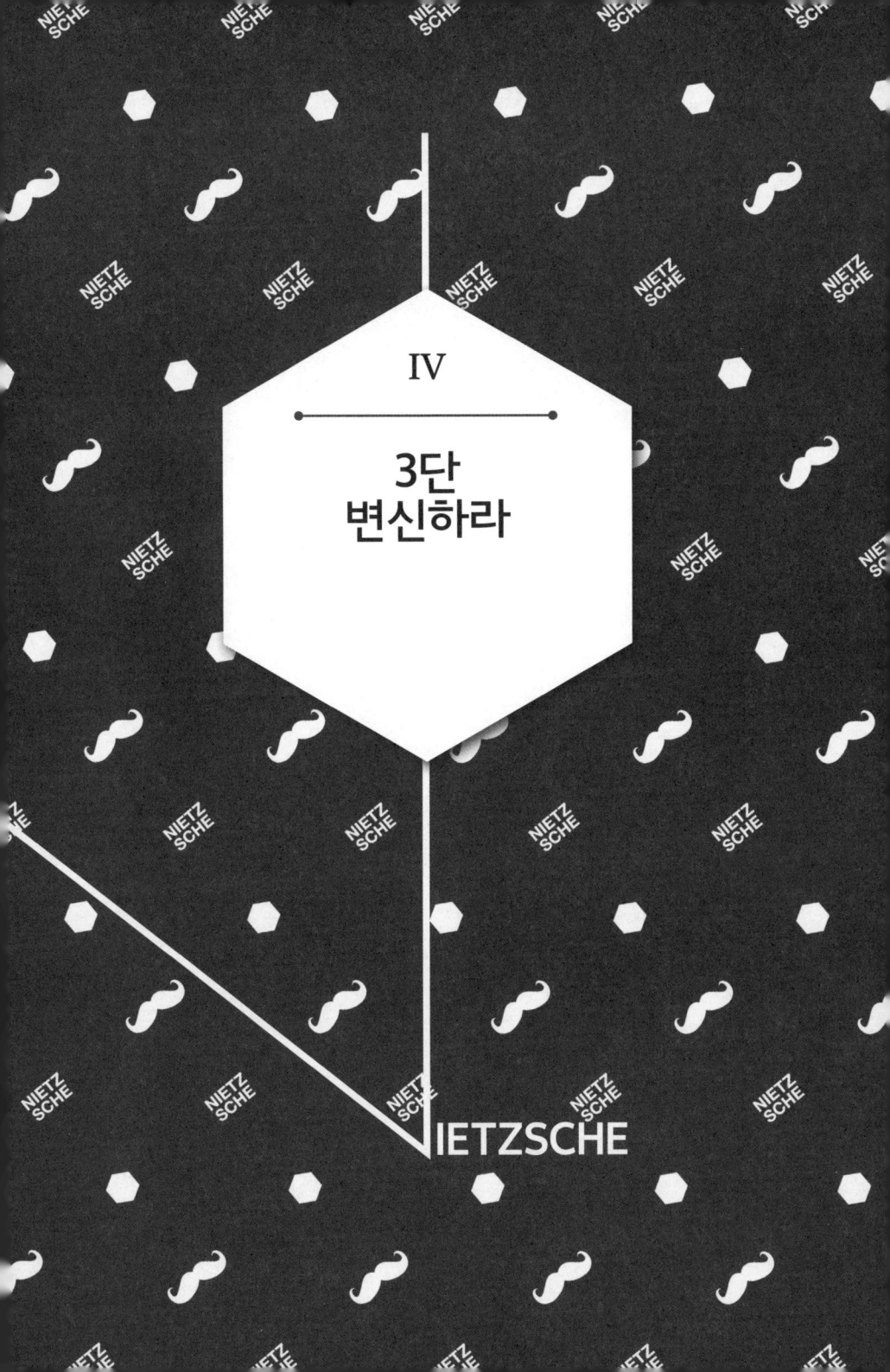

IV
3단 변신하라

3단 변신은
자아실현의
단계를
뜻한다

낙타, 사자 그리고 어린아이

"나는 그대들에게 정신의 세 가지 변화에 대해 말하고자 한다. 즉, 어떻게 정신이 낙타가 되며, 낙타가 사자가 되고, 마침내 어떻게 사자는 어린아이가 되는지를 …."

니체는 자라투스트라를 통해 인간이 초인이 되기 위해 거쳐야 하는 3단계의 정신변화에 대해 말합니다. 마치 할머니가 들려주는 옛날이야기처럼 니체는 우화를 사용해 이 심오하기 짝이 없는 과정을 설명하고 있습니다.

그 첫 단계는 낙타의 단계입니다. 낙타는 무릎을 꿇고 "내게 짐을 실으라"고 말합니다. 주인이 주는 대로 무거운 짐을 지고 나아가는 낙타처럼 한 인간이 성장해 나가기 위해서는 우선적으로 삶이 요구하는 윤리와 도덕, 문화, 세계관 등을 등짐처럼 지고 걸어가는 복종의 시절을 감내해야 한다는 비유인 것입니다. 실제로 과학자들은 우리가 생각하고 느끼고 경험하는 것의 거의 98% 이상이 우리가 우리의 문화로부터 물려받은 것에 불과하다고 이야기합니다. 내가 나라고 생각하는 의식의 내용 중 개인적인 것이 차지하는 비율이 고작 2% 남짓에 불과하다는 것입니다.

니체는 그래서 우리 안에 본래적이며 개인적으로 존재하는 것이라고 믿는 것은 사실 우리의 할아버지들과 아버지들이 느끼고, 바라고, 생각했던 것의 창백한 반영일 뿐이라고 말하며 부모와 학교, 사회 그리고 종교로부터 주입된 모든 것, 즉 그런 외부의 존재를 거대한 용이라고 불렀습니다.

'모든 인간은 출가하기 위해 태어난 존재'라는 말의 의미도 이렇게 진정한 나 자신을 찾기 위해서는 가장 익숙한 것들을 버리고 포근했던 집을 나서야만 함을 뜻하는 것입니다. 뱀이 허물을 벗듯 짐을 싣고 비틀거리며 광야로 나간 낙타는 이제 사자로 변모하게 됩니다. 이는 의식의 가장 낮은 단계인 낙타에서 인간의 정신이 언젠가는 스스로 생각하는 단계에 이르게 됨을 의미하는 것입니다.

등짐이 무거우면 무거울수록 사자의 힘은 그만큼 강해집니다. 사자는 혁명가와 같습니다. 이때 정신은 자유를 원합니다. 이 사자가 해야 하는 일은 용을 죽이는 일인데 용의 이름은 '그대의 미래'라고 합니다. 이 거대한 용은 '그대는 해야만 한다'라고 불린답니다. 이 괴물의 비늘이라는 비늘에는 하나도 빠짐없이 '그대의 미래'라는 글자가 새겨져 있기 때문입니다. 그 중에는 4천 년 전에 쓰인 것도 있고 바로 오늘 아침에 쓰인 것도 있을 것입니다. 낙타, 즉 아이는 '그대의 미래'에 사로잡혀 있는 반면에 사자, 즉 청년은 이것을 벗어던지기 때문에 깨달음에 이를 수 있다고 합니다. 그런데 용이 완전히 제압되면, 다시 말해서 '그대의 미래'가

완전히 극복되면 사자는 다시 그 사나운 본성을 버리고 아이로 변모합니다. 흡사 굴대를 떠난 바퀴처럼. 이제 이 아이에게는 복종해야 할 법이 없습니다. 역사적인 필요에서 제정된 법률도 없고 지역 사회를 위해 제정된 법률도 없다는 것입니다. 들꽃처럼, 그저 충동에 따라 살기만 하면 됩니다. 순진무구한 어린아이처럼 신성한 긍정의 길을 가는 것입니다. 세계적인 신화학자 조셉 캠벨은 저서 《신화의 힘》에서 니체가 이야기한 3단 변신의 과정을 이와 같이 해석했습니다.

비슷한 예로 만 원짜리 지폐의 세종대왕을 그린 화가로도 유명한 한국 화단의 거목 운보 김기창 화백은 진정한 바보, 즉 어린아이가 돼야 예술의 경지에 오를 수 있다고 이야기했습니다. 실제로 그는 말년의 작품일수록 더욱 어린아이가 그림을 그리듯 그렸습니다. 유아적인 느낌이 물신 풍기는 김기창 화백의 대표작 〈바보산수〉는 그래서 소는 소대로, 강은 강대로, 바보 같은 순수함으로 진정한 예술을 표현했습니다.

내 안의 데미안 찾기

예수는 "너희가 돌이켜 어린아이와 같이 되지 아니하면 결단코 천국에 들어가지 못하리라"고 말했습니다. 어린아이와 같이 되는 것, 다시 순진무구한 의식 상태를 회복하는 것, 이것이 바로 니체가 자라투스트라를 통해 보여주는 3단 변신의 목적이자 핵심일 것입니다. 헤르만 헤세도 젊은 시절 니체에 심취했던 작가로 헤세의 대표작 《데미안》은 니체의 3단 변신에 맞먹는 '인간형성의 3단계'를 소설이라는 형식을 빌려 풀어낸 역작입니다.

《데미안》은 무척이나 신비로운 분위기의 작품인데 그 주제가 자아실현의 문제라는 것만은 소설을 읽어본 누구나 공감하는 사실입니다. 주인공인 싱클레어가 열 살 때부터 스무 살 정도까지 겪는 내적인 성장이 그 주된 내용으로 싱클레어가 사춘기를 지나 성인이 되어 사회에 발을 내딛기까지의 이야기를 일인칭으로 서술하고 있습니다. 외적인 사건보다는 내적인 변화에 초점을 맞춤으로써 싱클레어라는 소년이 세상의 이런 저런 일을 경험하면서 세상을 보는 눈이 어떻게 달라지고, 그가 어떤 과정을 통해 자아를 인식하고, 구현하게 되었는가를 보여줍니다.

니체와 마찬가지로 헤세는 자기 발전의 과정을 '인간형성의 3단계'로 보았습니다. 그 첫 번째인 1단계는 어린 시절의 철없고 무책임한 상태로부터 벗어나 도덕이나 종교를 인식하고 죄를 경험하는 단계입니다. 이것은 주인공 싱클레어가 열 살 되던 해 라틴어 학교를 다니면서 체험하게 되는 어둠의 경험에서 시작됩니다. '두 세계'라는 소제목이 붙어있는 1장에서 헤세는 싱클레어가 환히 드러난 밝은 세계라고 할 수 있는 부모님의 따뜻한 품 안과 부모의 영향권을 벗어난 어둠의 세계, 즉 폭력과 살인, 술주정과 해괴망측한 이야기로 가득한 세계 사이에 놓여 있음을 보여줍니다. 빛이 있는 곳에 언제나 그림자가 존재하기 마련으로 인간은 빛과 어둠의 영향을 동시에 받음을 알려주는 비유인 것입니다.

이 어둠의 존재는 싱클레어가 만나게 된 크로머라는 불량소년의 모습으로 나타납니다. 마치 에덴이라는 실낙원에서 선악과를 먹는 죄를 짓게 된 아담과 이브의 이야기처럼 엉겁결에 사과를 훔쳤노라는 거짓말을 하는 바람에 크로머의 공갈 협박에 말려들고만 싱클레어는 밝음의 세계에서 실락해 어둠의 세계로 발을 들여놓습니다. 크로머는 모든 인간이 유년기의 순진무구함에서 벗어나 사춘기로 접어드는 문턱에서 만나게 되는 '내면의 억제된 충동'을 표상화한 인물입니다. 엄연히 실재하지만 직시하지 못하고 두려워하기 때문에 그 실체가 무엇인지도 모르면서 휘말려들게 마련인 이 영역으로 헤세는 어린 싱클레어를 들여보낸 것입니다.

싱클레어는 크로머의 괴롭힘에 지쳐가지만 아무런 저항을 하지 못하고 점점 더 깊숙이 짙은 어둠 속으로 빨려 들어가게 됩니다. 설상가상으로 크로머는 싱클레어의 누나를 데려오라며 위협을 가하고 싱클레어는 이러지도 저러지도 못한 채 번민합니다. 바로 그때 싱클레어의 삶에 데미안이란 이름을 가진 기묘한 소년이 나타납니다. 싱클레어보다 그저 몇 살 위인데도 현명하고 밝은 이 애늙은이 같은 소년은 남자도 여자도 아니며 어른 같지도 아이 같지도 않고 늙지도 젊지도 않으며 어딘지 시간을 벗어난 듯한 신비한 모습으로 묘사되고 있습니다. 이 실존 인물 같지 않은 데미안의 정체가 무엇인지는 그 이름에서도 드러나는데 앞서 살펴본 소크라테스의 다이몬, 즉 내면에서 울려나오는 마음의 소리이자 선악을 넘어선 우리 내면의 신성을 표상화한 인물이 바로 데미안인 것입니다. 실제로 헤세는 지인에게 보내는 한 편지에서 데미안이 원래 인간이 아니라 하나의 원리이자 하나의 진리 혹은 하나의 교리가 사람의 모습으로 체현된 것임을 밝힌 바 있습니다.

소설 속에서 데미안은 과부의 아들이라고 명시되고 있는데 데미안의 아버지가 누구였는지에 대한 언급은 전혀 찾아볼 수가 없습니다. 마치 전설이나 신화 속에 등장하는 성인이나 영웅들이 대개 과부의 아들인 것처럼 데미안도 그러합니다. 신화를 연구하는 학자들은 '과부의 아들'이라는 비유가 종종 '신의 아들'이라는 상징으로 쓰였다고 이야기합니다. 신화가 이야기하는 바에 따르면 인간의 영혼은 원래 신으로부터 발출된 신성의 불꽃이기에 우리 모두는 사실상 '신의 아들'들인 것이고 이는 다시

데미안은 인간이 아니라
하나의 원리이자 하나의 진리랍니다

헤르만 헤세

데미안과 같은 우리 내면에 거하는 참된 자아이자 신성인 내면의 스승을 뜻한다고 합니다.

눈빛만으로도 싱클레어의 내면의 방황을 모두 꿰뚫어보는 데미안은 싱클레어가 크로머에게 괴롭힘을 당하고 있음을 알고 이렇게 말합니다.

"사람은 그 누구도 두려워할 필요가 없는데 말이지. 누군가를 두려워 한다면, 그건 그 사람에게 자기를 지배할 힘을 내주었기 때문이야."

데미안은 무슨 수를 썼는지 크로머의 기를 완전히 꺾어 놓았고 덕분에 싱클레어는 원래의 밝은 세계로 돌아올 수 있게 되었습니다. 하지만 어쩐 일인지 부모님으로 표상되는 밝은 세계는 '잃어버린 낙원'의 비유처럼 다시는 예전과 같이 순진무구한 채로 노닐 수만은 없는 '과거'가 되어 버리고 말았습니다. 싱클레어는 두 세계의 존재를 확실히 알아버리고 만 것입니다.

상급학교로 진학하기 위해 고향을 떠나게 된 싱클레어는 데미안과도 자연스럽게 이별을 하게 되고 김나지움 기숙사에서 사춘기를 보내며 알 수 없는 방황을 하게 됩니다. 불량학생들과 어울려 말썽을 부리고 다니는 바람에 학교에서 퇴학을 고려할 정도의 문제아가 된 것입니다. 여기서 헤세는 싱클레어를 통해 인간형성의 2단계인 죄를 짓고 깊은 절망감 가운데서 방황하는 상태를 보여줍니다. 싱클레어를 괴롭히던 것 중 하나가 성적인 문제로 성에 대한 감정은 그를 끝없는 어둠 속으로 빠지게 만들었습니다. 어린 시절엔 외부의 어둠인 크로머가 그를 괴롭혔다면 이제는 내부의 어둠인 성적 충동이 싱클레어의 방황을 이끌고 있는 셈이지요. 이런 어둠의 시기에 공원을 산책하던 중 싱클레어는 한 아름다운 여인을 만나 그녀에게서 성적 충동을 압도해 버리는 신비한 존경과 사모의 마음을 느끼게 됩니다. 그녀에게 한마디 말도 건네 본 적이 없지만 깊은 영향을 받은 싱클레어는 그녀를 '베아트리체'라는 이름으로 부르며 연모하게 되고 자연스럽게 이제까지의 방탕한 생활을 청산하게 되었습니다.

　싱클레어의 이러한 변화는 서양에서는 여성과 남성, 동양에서는 음과 양으로 상징되는 우리 내면의 두 가지 원리를 표상화한 것입니다. 쉽게 이야기하면 남성인 싱클레어가 자신의 내면에 존재하는 여성적 원리에 눈을 떴다고 볼 수 있습니다. 동양의 현자들이 깨달음에 대해 설명할 때 음양의 조화를 이룰 것을 강조하는 것처럼 우리 내면의 음양인 여성적 원리와 남성적 원리가 조화롭게 성숙되어야만 자아실현이 가능하다는 이야기인 것입니다. 인간은 그가 남성이든 여성이든 간에 결국엔 음양의 결합체이기 때문이라고 합니다. 헤세는 이를 베아트리체에 반한 싱클레어가 어느 날 그녀의 얼굴을 그림으로 그리다 완성된 그림을 보고 깨달음을 얻는 장면으로 나타내고 있습니다.

　"완성된 그림 앞에 앉아 있자니 그림이 묘한 인상을 풍겼다. 그것은 일종의 신의 모습 또는 거룩한 가면처럼 보였다. 절반은 남자, 절반은 여자, 나이를 넘어선, 의지력이 강하면서도 꿈결 같고, 뻣뻣하면서도 은밀히 생동하는 모습이었다."

　싱클레어는 그 그림이 누군가를 많이 닮았다고 어렴풋이 생각하지만 확실히 알 수는 없었습니다. 그러던 어느 날 그것이 데미안의 얼굴임을 깨닫고 놀라지만 이내 그 얼굴이 베아트리체도 데미안도 아닌 자기 자신이라는 느낌을 받게 됩니다.

　"그것은 나의 삶을 이루는 것, 나의 내면, 나의 운명 또는 나의 데몬이었다."

　남의 속을 거울같이 읽어내고 서두름 없이 멀찌감치 떨어져 있으면서도 결정적인 단계마다 자극하고 일깨우며 앞으로 나아가도록 재촉하는 데미안의 목소리는 결국에 자기 자신이 되는 법을 찾아 헤매는 모든 인간이 만나게 되는 스스로의 목소리이자 내면의 신성이었던 것입니다. 잘 알려져 있다시피 베아트리체는 단테의《신곡》에 등장하는 단테의 연인입니다.《신곡》에서 단테는 베아트리체의 영혼에 인도되어 천계를 여행하고 신의 진리를 엿보는데 이 또한 '단테-베아트리체' 구도를 통해 한 인간 안의 남성 원리와 여성 원리를 나타낸 것이라고 합니다.

　　마침내 싱클레어는 고등학교를 졸업하고 대학에 진학하게 되면서 방학기간을 이용해 데미안의 집을 찾아가게 됩니다. 그렇게 아주 오랜만에 데미안과 반가운 재회를 하고 데미안의 어머니 에바 부인을 만나 영적인 성장을 이루게 되지요.《데미안》의 이야기가 본격적으로 신비로워지는 대목은 바로 여기서부터입니다. 헤세는 인간 내부의 깊숙한 곳에 자리 잡은 신성을 표현하기 위해 에바 부인이란 인물을 그려내고 있습니다. 앞서 살펴보았듯이 모든 인간은 신으로부터 방출된 신성의 불꽃이자 '신의 아들'이기 때문에 에바 부인으로 상징되는 신성과의 합일을 갈망하기 마련입니다. 동서양의 현자들이 자주 이야기하는 '우주와의 합일'이나 '물아일체'와 같은 표현은 그렇게 우리가 신성의 한 부분이자 그 자체임을 깨닫는다는 것을 뜻하지요. 헤세는 이를《데미안》이라는 소설로 표현한 것입니다.

　　데미안과 에바 부인의 관계를 단순한 모자지간을 넘어선 애정 관계처럼 묘사하며 심지어 데미안의 친구인 싱클레어가 에바 부인에게 정신적 사랑과 함께 관능적인 사랑을 느껴 에바 부인과 하나가 되기를 간절히 열망하는 장면의 묘사는 그 내용만 놓고 보면 막장 드라마를 방불케하지만 독자들로 하여금 거부감을 불러일으키지 않습니다. 묘하게 신비

베아트리체는 우리 안의
여성원리를 뜻합니다

―――――――――――――――

단테

롭고 아름다워서 그 뜻을 알아듣는 사람에게는 벅찬 감동을 줍니다. 헤세의 의도를 정확히 알아채지 못한다 해도 뭔지 모를 신비한 울림을 주는 이야기로 남지요. 고대로부터 전해내려온 신화와 민담들이 그러하듯 헤세는 여러 가지 상징과 비유가 곁들여진 이 기묘한 이야기를 통해 인간형성의 마지막 3단계인 절망감에서 벗어나 더 높은 신념의 경지에 이르는 과정을 그려낸 것입니다.

이분법의 세계에서 벗어나기

"새는 힘겹게 투쟁하여 알에서 나온다. 알은 세계다. 태어나려는 자는 한 세계를 깨뜨려야 한다. 새는 신에게 날아간다. 그 신의 이름은 아프락사스다."

《데미안》하면 떠오르는 이 유명한 구절이 뜻하는 것도 3단계의 변화 과정을 완성한, 즉 자아실현을 이뤄낸 인간의 모습입니다. 인간은 자기 삶의 완성이 어떤 모습이어야 할지를 알지 못하는 존재이기 때문입니다. 조셉 캠벨이 "어른이 되고 나면, 여러분은 자기 삶을 움직이는 힘을 반드시 재발견해야 한다"고 말한 것처럼 나의 본 모습을 찾아나가는 일은 새가 알을 깨고 나오듯 이제껏 진짜라고 여겼던 한 세계를 무너뜨리는 것과 같은 것입니다. 니체의 아모르 파티는 여기서도 반복됩니다. 자기 자신이 되는 길은 결국 주어진 운명을 있는 힘껏 사랑하고 껴안는 것임을 헤세는 《데미안》에서 아프락사스라는 그의 문학을 대표하는 키워드이자 상징을 통해 보여줍니다.

고대 이집트 출신의 신인 아프락사스는 그 독특한 이름처럼 기존의 신과 다르게 악마적 성질이 포함되어 있다고 합니다. 기존 종교의 신들이 천사와 악마, 선과 악 그리고 저급한 욕망과 성스런 영혼의 이분법을 고수하는 것과 달리 아프락사스 신은 일원론을 추구합니다. 달걀과 닭은 하나라는 것입니다. 누가 먼저냐가 아닙니다. 달걀이 그 알을 깨고 나와 닭이 되듯이 욕망이 자라서 성스러운 것이 되는 것입니다. 단지 시간차일 뿐이며 오로지 성숙의 문제일 뿐이지요. 알을 깨고 나오는 새는 앎을 얻고 그런 앎이 성숙입니다. 알은 새의 입장에선 마치 전 세계처럼 보이며 목숨처럼 느껴질 것입니다. 하지만 새로 태어나려는 자는 반드시 그 세계를 무너뜨려야 합니다. 죽음과 부활의 모티브는 반복됩니다. 이분법의 그 세계를 깨버렸을 때 새는 신에게로 날아갑니다. 그 신의 이름이 아프락사스입니다. 선과 악이 한 몸이라는 것도 이런 관점에서 보면 명쾌해집니다. 아프락사스는 균형의 신이기 때문에 선과 악의 균형을 맞추면 떠나는 것으로 되어 있습니다. 태초부터 악이 존재하지 않는 세계는 없었다고 합니다. 빛이 있으면 그림자가 생기듯 선과 악이 한 몸이라는 것입니다. 인간 또한 그런 존재입니다. 어둠에서 자유로워지려면 그 어둠의 정체를 알면 될 것입니다. 어둠 속에서 바스락 거리는 소리의 정체가 괴한인지 아니면 그냥 바람 소리인지를 알고나면 그에 맞게 대처할 능력이 생기는 것과 마찬가지의 일일 테지요.

《데미안》에서 싱클레어가 맞닥뜨린 어둠의 본질은 실상 자기 내면의 무의식의 세계였기에 그 안에서 운명적으로 조우하게 된 데미안과 에바 부인 그리고 아프락사스로 표상되는 신의 모습은 바로 그 자신의 영혼이었다고 볼 수 있을 것입니다. 나의 세계라는 것이 결국 나의 무의식의 반영에 불과함을 깨달은 인간에게 세계는 완전히 다른 모습으로 다가옵니다. 인간이 주체가 되어 창조적으로 세계와 관계를 맺는다는 것은 바로 이런 일입니다. 중요한 것은 그 변환이 세계가 먼저 변함으로써 일어나는 것이 아니라 나의 영혼이 니체의 말마따나 3단 변신이라는 변환의 과정을 거쳐 새롭게 태어남으로써 가능해진다는 것입니다.

명상하라

니체식으로 표현하자면 좌뇌와 우뇌의 조화를 이루는 것이라고 할 수 있는 한 인간의 자아실현의 방법으로 헤세가 제시하고 있는 것은 명상입니다. 《데미안》에서 싱클레어가 수업 도중에 명상에 잠긴 데미안을 묘사하는 장면은 물론 헤세의 작품들에서 공통적으로 명상을 주제로 한 이야기들이 자주 나오지요. 살다보면 필연적으로 맞닥뜨리게 되는 다양한 문제들의 원인을 밖에서만 찾던 인물들이 어느 순간 자기 내면의 세계를 들여다보는 계기를 맞이하게 되면서 자기 안의 신성에 도달하는 이야기를 헤세 특유의 아름다운 문체로 표현해낸 결과물이라고 할 수 있을 것입니다. 헤세 자신이 파란만장했던 삶의 굴곡을 겪어내면서 깨달은 지혜이자 삶의 방식이 바로 명상이었기 때문입니다.

헤세 연구자들에 따르면 헤세가 살아가는 동안 스스로 명상하며 요가를 실행했고 자주 불교적 정신 집중이나 무아로의 침잠 등을 수행하면서 얻은 직관적 통찰과 불교적 명상을 문학화 한 것이 바로 헤세의 작품들이라고 합니다. 헤세는 그래서 '불교도'라는 별칭으로 불리기도 하지요. 하지만 니체와 마찬가지로 기독교 집안에서 성장해 신학교에 입학하기도 했던 헤세의 진짜 종교는 설교나 교리보다 종교적 체험을 중요시하는 신비주의적 기독교였다고 볼 수 있다고 합니다. 힌두 철학과 불교 사상을 두루 섭렵했음은 물론 말년엔 중국의 노장 사상 및 선불교적 철학에까지 심취했던 헤세는 그의 대표작 중 하나인 《싯다르타》를 통해 이러한 자신의 여러 종교와 문화를 넘나드는 신비주의적 깨달음을 풀어냈습니다.

헤세 연구로 유명한 이인웅 교수는 이를 가리켜 헤세가 생의 한가운데서 사물의 상들 속에서 진정한 자아를 파악하고 순간에서 영원을 투시해 우주만유와 하나가 되고자 했다고 설명합니다. 동양의 '모든 것은 하나이고 하나가 곧 모든 것이다'라는 의미의 전일사상에 심취했던 헤세는 저 세상에 대한 것은 염두에 두지 않고 언제나 현세의 삶에 충실함으로써 바로 이 세상의 삶에서 계시와 믿음을 체득하고자 했다는 것입니다. 그 결과 헤세는 물론 헤세 작품 속의 인물들은 마침내 자기 내면에 깃든 자아를 찾는 목적에 도달했다는 것입니다.

헤세의 작품들 속에서 보여지듯 명상이란 불교도들만의 것이 아닙니다. 명상은 종교를 넘나들며 모든 종교와 철학을 통합해내는 우주적인 지혜이며 믿음이라고 볼 수 있습니다. 나카자와 신이치 교수는 과학적으로 볼 때 명상이란 '대뇌피질의 활동이 정지했을 때 보이기 시작하는 것이 있다'라는 한마디로 정리된다고 이야기합니다. 초심자의 경우 명상을 하려고 하면 우선 졸립습니다. 신피질의 활동이 멈추기 때문일 것입니다. 명상은 그래서 계속 각성도를 유지한 채로 신피질의 활동을 멈추는 그런 연습이라고 합니다. 이때 호흡법이 가장 중요한 역할을 해서 간뇌나 뇌간 부근을 활성화시킨 결과 낡은 피질이 깨어나게 된다고 하지요.

붓다의 성불체험에서 붓다가 명상 끝에 '스스로 깨달은 자'인 붓다가 되었듯 선불교에서는 선 수행을 통해 우리의 진정한 본성을 완전히 표현할 수 있다고 가르칩니다. 선 수행을 한마디로 이야기하면 바로 지금 바로 여기에 머무는 방법이라고 할 수 있을 것입니다. 서구세계에 선 수행 돌풍을 일으킨 장본인인 스즈키 순류 선사는 저서 《선심초심》에서 선 수행을 그저 앉는 것으로 충분한 행위라고 설명합니다. 바르게 앉아 호흡의 들고 나는 것을 주시하는 것, 그것으로 충분하다는 이야기입니다. 세상에 숨쉬는 것만큼 쉬운 일이 또 있을까 싶지만 숨 쉬는 것만큼 중요한 일도 없다는 것이 명상의 핵심이기 때문입니다. 바르게 좌선해서 숨의 움직임을 알아차리는 것으로부터 모든 명상이 시작되는 것입니다.

스티브 잡스가 젊은 시절 가장 영향을 많이 받은 책으로 손꼽는 《선심초심》에서 스즈키 순류 선사는 우리들이 자기 중심적으로 세상을 보기 때문에 대개 '너와 나', '이것과 저것', '좋고 나쁨'식으로 이원적임을 지적합니다. 숨의 움직임을 알아차림으로써 우리들은 이러한 작은 자아에서 벗어나 우리들의 우주적인 자아, 곧 불성을 자각할 수 있다는 것입니다. 우리는 몸을 쉬는 법은 알면서도 마음을 쉬는 법을 모른다고 합니다. 우리의 마음은 잠자리에 누워서도 여전히 분주하기 때문입니다. 심지어 잠을 자면서도 꿈을 꾸느라 바쁜데 그 이유는 간단한 것입니다. 잠시도 쉴 새가 없이 수많은 생각과 걱정들로 가득하기 때문입니다. 이럴 때 필요한 것이 좌선명상이라고 합니다. 양이나 소를 널찍한 들판에 풀어 놓는 것이 그들을 컨트롤하는 가장 좋은 방법이듯 생각도 마찬가지이기에 바르게 앉아 명상하라는 것입니다.

정체성 시스템 멈추기

실제로 저명한 정신의학자인 스탠리 블락Stanley H. Block 박사는 이러한 선 수행의 방법을 현대인의 삶 속으로 가져와 누구나 손쉽게 따라할 수 있는 치유법으로 발전시켰습니다. 그 원리는 널찍한 들판에 풀어놓은 양떼나 소떼 이론과 같은 것입니다. 우리가 고통 받는 이유는 간단하다는 것이지요. 우리는 수없이 떠오르는 생각들을 풀어놓을 줄을 모릅니다. 생각을 멈추려고 하면 할수록 그 생각들은 머릿속을 걱정과 혼란, 소음으로 채우고 모든 부분에 나쁜 영향을 주며 삶을 궁지로 몰아갑니다. 예를 들어 오늘까지 마쳐야 할 프로젝트 파일을 붙들고 끙끙대는 신입사원을 가장 괴롭히는 존재는 사실상 자기 자신입니다. 일에 집중하려고 할수록 '일을 다 끝내지 못하면 어쩌지?', '부장님한테 혼쭐이 날지도 몰라', '난 집중력이 없고 무능력해'와 같은 생각들이 꼬리에 꼬리를 물고 일어납니다. 결국 지나친 스트레스로 몸은 점점 더 피곤해지고 시간은 어느새 훌쩍 흘러가 버릴 테지요. 생각의 노예가 되는 바람에 막상 일은 제대로 해보지도 못한 것입니다.

이런 일들은 우리의 일상은 물론이요, 우리가 즐겨보는 스포츠 속 프로들의 세계에서도 빈번히 일어납니다. 블랙 박사는 잘 나가던 야구선수가 한순간에 무너지는 경우를 예로 듭니다. 몇 개의 실투나 동료의 실책으로 마음이 뒤죽박죽이 된 선수의 몸은 긴장하기 시작합니다. 선수는 자책의 늪에 빠져 허우적대고 경기는 흐트러지기 마련이지요.

이뿐만이 아닙니다. 만성 통증으로 괴로워하는 환자들을 괴롭히는 것도 생각이며 그들을 낫게 할 수 있는 유일한 방법도 이런 생각들을 다루는 방법을 가르쳐 주는 것이라고 합니다. 이때 블랙 박사가 통증클리닉 환자들을 대상으로 자주 사용하는 방법은 '빨간 잉크 풀어놓기 실험'입니다. 탁자 위에 크기가 다른 세 개의 비커를 놓습니다. 그리고는 파이프렌치를 가장 작은 비커 위에 고정시켜 빨간 잉크를 가득 채웁니다. 이것은 환자들의 현재 상태를 나타내는 것으로 빨간색은 고통을 상징합니다. 빨갛게 물든 비커처럼 환자들은 통증으로 가득하여 다른 어떤 여유도 없는 상태입니다. 고통의 실체는 블랙 박사가 '정체성 시스템'이라고 부르는 것으로 환자들의 인식을 축소시켜 그들 자신을 손상된 존재로 믿게 하는 것입니다. 그 결과 '나는 고통 속에 있어. 그래서 난 손상되었어'라는 생각이 고정화 된다고 합니다. 하지만 비커의 크기가 커질수록 빨간 잉크는 희석되어 그 색깔이 점점 옅어짐을 볼 수 있듯 정체성 시스템을 멈추면 누구나 인식을 확장시킬 수 있다는 사실이 중요합니다.

끊임없이 일어나는 생각들이 인식의 붕괴를 일으키는 이유는 간단합니다. 우리 모두는 스스로 자신이라고 생각하는 '어떤 존재', 즉 '내가 나라고 믿는 나'인 정체성을 가지고 있는데 이는 인간이 진화과정을 통해 필연적으로 장착하게 된 기능이라고 볼 수 있다고 합니다. 문제는 이 정체성이 도전을 받으면 정체성 시스템이 작동하여 걱정과 긴장, 기능 장애와 인식의 축소가 일어난다는 점입니다. 이럴 때 정체성 시스템은 우리를 통제해서 우리 자신을 손상된 자아로 한정시킨다는 것입니다. 정체성 시스템이 활성화될수록 우리는 자연스럽고 즐거운 본래의 삶으로부터 멀어지게 됩니다. 작게는 살을 빼는 것부터 더 좋은 부모, 친구, 배우자가 되는 것, 더 나아가 업무 능력을 개선하고 다양한 중독에서 해방되는 것 등 우리가 원하는 모든 것을 이루는 가장 손쉽고 근원적인 방법이 바로 이 정체성 시스템을 멈추는 것인 이유이지요. 이를 위해 블락 박사가 제안하는 것은 '다리놓기'와 '생각에 이름붙이기'라는 두 가지 방법입니다. 고대로부터 전해 내려온 명상의 기술을 현대인들의 눈높이에 맞춰 발전시킨 것으로 이미 수천 명의 사람들이 그 놀라운 효과를 체험한 자기치유법이자 원하는 바를 이루는 방법이라고 할 수 있을 것입니다.

결국 우리에게 필요한 것은 생각을 다루는 방법을 배우는 것이고 이는 선가에서는 '주인공', 기독교에서는 예수, 또 다른 사람들은 우주의식,

신, 절대, 무라고 부르는 표현하기 힘든 존재의 본질을 체험하는 방법이
기도 합니다. 블락 박사식으로 표현하자면 정체성 시스템을 멈춰 나의
자연스러운 본질을 경험하는 법을 배움으로써 최고의 삶을 살 수 있다는
것이 되겠지요.

| 감각으로 |
| 돌아가기 |

그 첫 번째 단계는 '다리놓기'입니다. 방법은 간단합니
다. 주위의 소리에 귀를 기울이고 몸의 감각에 집중해
촉감을 느끼는 것이 전부입니다. 블락 박사는 하찮아 보이기 쉬운 이런
노력들이 어떻게 삶을 변화시킬 수 있는지를 깨달으려면 훌륭한 운동선
수들이 경기하는 모습을 관찰해보라고 이야기합니다. 그들은 철저히 현
재에 머무르며 감각에 집중할 줄 안다는 것입니다. 예를 들어 끝판대장
이란 별명으로 유명한 야구선수 오승환은 구원투수에게 가장 중요한 것
은 마인드라고 말하며 마운드 위에 섰을 때 자신의 머릿속을 채웠던 생
각은 언제나 '이 순간은 내가 지배한다'였다고 이야기합니다. 블락 박사
는 이와 비슷한 예로 야구 천재라 불리는 이치로의 경기 준비 모습을 묘
사합니다. 타석에 들어서기 전 이치로는 오른손으로 야구배트를 들어 올
리고는 오른손을 쭉 편 채 왼손으로 오른쪽 어깨를 치며 천천히 유니폼
을 위로 집으며 타석에 들어서는 일종의 '의식'을 반복한다고 하지요. 블
락 박사가 보기에 이치로의 이러한 의식은 미신이 아니라 정체성 시스템
을 멈출 준비를 하는 것입니다. 유니폼을 잡으며 촉감과 탄력을 느끼고
팔을 뻗어 배트의 무게를 느끼며 중력을 인식함으로써 감각으로 돌아와
지금 이 순간에 머무르게 되는 것입니다.

운동선수들로 하여금 제 기량을 펼치지 못하게 하는 것도 바로 생각이기 때문입니다. 그러니 무한한 치유 능력을 발견하고 자신의 가능성을 경험하기 위해 우리가 해야 할 일은 감각으로 돌아가는 것 밖에 없다는 이야기입니다. 원하는 것이 무엇이든 감각으로 돌아올 때 삶의 평화와 명료함에 닿게 된다는 것이지요. 내면의 지혜로 낡고 파괴적인 자기 대화를 멈출 때 삶은 변하기 시작한다는 것입니다.

　　예를 들어 당신이 매 순간 세상이 되어야 할 모습을 지시하는 생각들, 즉 '이 일을 잘 해내야만 해', '삶이 더 나아져야 해', '자제력을 키워야 해' 등등에 빠져있을수록 긴장, 두려움, 육체적 피로는 가중된다고 합니다. 블락 박사는 이를 '손상된 자아의 표현'이라고 부릅니다. 손상된 것을 채우려고 애쓸수록 아무런 이득 없이 에너지만 낭비하게 된다는 것입니다. 몸이 긴장하고 마음은 언짢은 생각들로 흐트러질 것입니다. 그럴수록 지금 이 순간 하고 있는 행동에 대한 집중력은 떨어질 수밖에 없겠지요. 선가의 고승들이 하나같이 입을 모아 '지금 이 순간에 머물라'고 말하는 이유가 여기에 있습니다. 그렇다면 어떻게 이런 생각들로부터 벗어날 수 있을까요?

현재에 머문다는 것

　　블락 박사가 제안하는 '다리놓기'는 정체성 시스템의 활성화라고 부르는 이 과도한 생각들을 멈추게 하는 방법입니다. 지금 우리가 보는 것과 소리, 몸의 감각으로 인식을 옮겨 지금 여기 현재에 머무르는 연습으로, 내리막길을 걷고 있다면 다리를 끌어당기는 중력을 느껴보고 샤워를 하고 있을 때는 피부에 닿는 따스한

물살과 샤워젤의 향기를 느끼며, 손톱을 손질하는 순간에는 그 고요한 평화를 즐기면 됩니다. 핵심은 지금 하고 있는 일을 있는 그대로 인식하는 것입니다. 이 모든 연습이 우리를 지금 이 순간으로 데려와 주기 때문입니다.

쉬운 예로 불면증으로 고생하는 사람의 경우 끝없이 일어나는 생각을 멈추는 유일한 방법은 조용히 째깍째깍 거리는 시계 소리로 주의를 옮기는 것이라고 합니다. 이불의 촉감을 느껴보며 지금 여기에 머물 때 그토록 원하던 숙면을 취하게 됩니다. 실례로 아기들은 이런 사실을 잘 알고 있는 듯합니다. 이불이나 인형의 촉감을 느끼거나 입술을 오물거리며 쩝쩝거리는 등 몸의 감각으로 돌아오는 행동을 통해 아기는 손쉽게 꿈나라로 들어갑니다. 현재에 머문다는 것은 이렇게 손쉬운 일입니다. 이럴 때 삶은 자연스럽게 흐르는 강물과 같을 것입니다.

살을 빼는 일도 마찬가지입니다. 그 어렵다는 다이어트도 밥을 먹는 순간을 생생히 느끼는 연습을 통해 달성할 수 있다고 합니다. '이걸 먹으면 또 살이 찌겠지', '야식을 또 먹고 말았어' 등의 자책으로 가득할수록 더 자극적이고 기름진 음식만 찾게 됩니다. 반면 이런 생각들이 일어날 때마다 감각으로 돌아오기 연습을 하면 음식 그 자체를 음미하게 되므로 오히려 소금이나 조미료 등의 자극적 음식과 자연스럽게 멀어지게 된다는 것입니다.

인류의 영적 스승이라 불리는 틱낫한이 하버드대의 영양학자 릴리언 정과 함께 쓴 《세이버》에서 선불교의 '멈추고 쉬어야 한다'는 가르침으로부터 착안한 붓다식 다이어트 비결을 풀어낸 이유도 마찬가지입니다. 그 중심에는 블랙 박사가 제안하는 '감각으로 돌아오기' 연습과 선불교의 수행법인 '알아차림'이 있습니다. 온전한 자각 상태에서 호흡하는 법을 연습하고 사과 한 알을 먹을 때에도 '알아차림'을 통해 주의 깊게 사과를 먹음으로써 온 마음으로 사과를 먹는 것이 일종의 명상이며 깊이 있는 영적인 행위가 될 수 있음을 느껴 보라는 것입니다. 진정한 미식가가 된다는 것은 이런 일이니까요. 그럴 때 몸은 자연스럽게 최상의 상태로 유지되게 마련이라는 것입니다.

　블락 박사가 '다리놓기'를 자연을 즐기는 법, 가족과 친구들과 좋은 관계를 맺는 법, 골프와 테니스를 치는 법, 돈을 버는 법, 기도하는 법, 자신과 타인을 돌보는 법, 직장에서 더 성공하는 법 등 삶의 모든 부분에서 도약할 수 있는 가장 쉽고 근본적인 방법이라고 이야기하는 이유도 여기에 있습니다.

생각 다루기 연습

영화 〈그래비티〉에서 주인공 스톤 박사가 어린 딸을 사고로 잃고 우울에 빠져 살아도 사는 것 같지 않은 상태에서 벗어날 수 있었던 방법도 '다리놓기'였다고 볼 수 있습니다. 우주 미아가 될 뻔한 천신만고 끝에 무사히 지구로 착륙한 스톤 박사는 난생 처음으로 온전히 현재에 머무는 체험을 합니다. 우주라는 무중력의 세계에서 지구라는 중력의 세계로 귀환한 스톤 박사에게 지구에서 내딛는 첫 걸음은 중력을 그 자체로 온전히 느껴보는 일이었습니다. 과거의 슬픔에 얽매여 모든 에너지를 소모하고 마는 생각의 늪에서 벗어나 현재 그 자체를 즐기게 된 것이었지요. 지금 이 순간에 온전히 머물게 되었을 때 스톤 박사는 살아있다는 것에 대한 순수한 감사와 기쁨을 느꼈기에 미래에 대한 두려움 따위는 머물 여지가 없어져 버렸습니다. 그녀는 비로소 최고의 삶을 만끽하는 길을 걸어가게 된 것입니다.

실제로 블락 박사가 제안하는 '다리놓기' 방법 중의 하나가 중력을 느껴보는 일입니다. 과도한 걱정이나 불필요한 생각들에 사로잡힐 때마다 감각으로 돌아가는 연습을 해 보라는 것이죠. 이 간단한 연습을 통해 우리는 더 건전하고 건강한 상태에서 평온함과 침묵을 느낄 수 있다는 것입니다. 그리고 바로 이때 두 번째 단계인 '생각에 이름 붙이기'를 실행할 수 있게 됩니다. '다리놓기', 즉 감각으로 돌아오기를 통해 생각에서 벗어났을 때 당신은 생각이 그저 생각일 뿐이라는 것을 알 수 있습니다. 당신은 더 이상 조금 전에 한 생각에 제한받지 않는 존재입니다. 고요해지거나 편안해지려는 생각이 든다면 그냥 그 자체에 '고요해지려는 생각', '편안해지려는 생각'이라는 이름을 붙이고 단지 인식하는 것이 필요할 뿐이라고 합니다. 아무것도 고칠 필요가 없으며 벗어날 필요도 없다는 것입니다. 이것이 생각을 다루는 최선이자 최고의 방법입니다.

생각에 이름을 붙이는 방법은 '화'를 다룰 때도 유용하게 쓰입니다. 언제나 뾰족한 말로 당신을 화나게 하는 배우자의 잔소리에 대처하는 최고의 방법은 배우자를 바꾸는 것이 아닙니다. 사실 바꾸는 것이 불가능함을 우리는 잘 알고 있지요. 바꿔야 할 것은 잔소리에 대응해 올라오는 당신의 반응입니다. 올라오는 생각에 이름을 붙이고 인식하는 것만으로 많은 것들이 달라지기 때문입니다. 우선 당신 자신이 스트레스와 긴장이 불러온 화라는 감정으로부터 벗어날 수 있습니다. 그러면 무엇이 문제인지를 좀 더 찬찬히 살펴볼 수 있게 됩니다. 당신의 반응방식이 바뀔 때 비로소 배우자도 변화하기 시작할 것입니다. 우리 모두는 서로가 서로를 비추는 거울이라는 어느 작가의 말처럼 말입니다.

선가에서 진정한 자신, 즉 주인공은 당신이 놀랄 만큼 넓고 완전하며 모든 존재의 근원과 하나라고 이야기하듯 블락 박사 또한 우리의 참자아는 그 자체로 완벽하고 온전하므로 우리가 해야 할 일은 그저 순간에 머물며 참자아의 자연스러움을 체험하는 것뿐이라고 조언합니다.

누구나 그 길을 걸어간다

우리의 참자아를 찾아나서는 길, 니체에게는 3단 변신론으로 대변되는 이 길은 서양에서 '신비주의의 길'이라고 알려진 깨달음의 여정과 비슷한 것입니다. 신비주의자들이 공통으로 걷게 되는 원형적인 길을 의미하는 것인데 그 첫째는 자의식으로서 한 번도 심각하게 생각해 본 적이 없는 자신을 의식하게 되는 것이라고 합니다. 자신을 들여다보면서 '나는 왜 이런가'라는 화두를 붙잡고 자신의 모자란 부분을 깨달아가는 것입니다. 그 다음에는 자기의 모자람을 없애려는 정화의 길로 나아갑니다. 이기적인 자기를 없애고 사랑을 하려고 시도하는 과정입니다. 그런 연후에 이른바 빛을 보는 조명의 단계로 넘어갑니다. 이를 통해 내면적 통찰과 직관이 가능해지는 깨침을 얻는다고 합니다. 마지막에 가서는 궁극적 실재와의 합일이 일어납니다. 온 세계와의 합일, 모든 만물과의 합일이 실현되는 것입니다. 나도 없고 남도 없는, 주객이 일치하는 주객을 넘어서는 단계라고 합니다.

동양에서도 이와 유사한 관점을 찾아볼 수 있습니다. 선불교에서 십우도 혹은 심우도라고 하는 것, 즉 소를 찾는 이야기가 그 대표적인 예입니다. 여기서 소는 깨달음을 상징합니다. 주인공은 소를 찾으러 집을 떠나 소를 찾은 후에 결국 소도 나도 없는 근원의 상태를 체험합니다. 그리고 마지막 단계에서는 저자거리로 갑니다. 도와주려는 손을 가지고 이웃에 봉사하기 위해서입니다.

앞서 살펴본 '영웅의 여정'이 마치 옷만 갈아입은 것처럼 다양한 문화권과 작가들에게서 그리고 철학자들에게서 공통적으로 나타나고 있는 것이지요.

부활은 무덤이 있는 곳에만 있다 : 세 번 죽고 세 번 다시 태어나기

바실리사 이야기

자아실현이라는 화두는 이렇게 시대와 상황에 따라 다양한 모습으로 변주되고 있으며 그 바탕에 흐르는 기본적인 생각은 놀라울 만큼 똑같다는 것을 알 수 있습니다. 특히나 그 기원을 알 수 없을 정도로 오래된 이야기들 속에서 이러한 진리가 살아 숨 쉬고 있는 경우가 많습니다. 그 대표적인 예가 바로 러시아에서 가장 널리 읽히는 민담인 '바실리사 이야기'입니다. 대강의 줄거리는 다음과 같습니다.

옛날 옛적에 바실리사라는 아름다운 소녀가 살았는데, 어머니가 병환으로 돌아가시면서 마술 인형을 하나 주었다고 합니다. 그 인형은 좋은 음식을 주면 그녀에게 조언과 도움을 주었습니다. 바실리사의 아버지는 재혼을 하게 되었고 놀라울 것도 없이 계모와 이복자매들은 온갖 궂은일을 바실리사에게만 시켰습니다. 그때마다 바실리사는 인형의 도움을 받아 위기를 넘겼지요. 그러던 어느 날 아버지가 멀리 떠나자, 계모와 이복자매들은 집의 불씨를 몰래 꺼트리고는 숲속의 마녀로 유명한 바바야가라는 할멈에게 불씨를 얻어오라고 바실리사를 내몰았습니다. 하는 수 없이 어두운 숲을 헤치고 바바야가를 찾아간 바실리사가 바바야가의 오두막에 도착해 불씨를 얻으러 왔다고 하자, 바바야가는 자기가 시키는 세 가지 일을 해내면 불을 주지만, 그렇지 못하면 잡아먹겠다고 말했습니다. 그 일들은 양귀비 씨와 콩을 섞어 놓고 콩만 골라내라는 식의 불가능한 과제들이었지만 바실리사는 인형의 도움을 받아 하나하나 해결해 나갑니다. 마침내 바바야가는 바실리사에게 눈에서 불을 내뿜는 해골을 주며 돌아가라고 합니다. 바실리사가 집으로 돌아오자 해골 눈에서 나온 불길이 집과 계모와 언니들을 태워 재로 만들어버렸습니다.

마치 신데렐라와 백설공주를 섞어 놓은 듯한 캐릭터에 콩쥐팥쥐와 심청전의 줄거리가 더해져 있는 듯한 이 러시아 민담은 다양한 문화권에서 옷만 갈아입은 채로 똑같은 교훈을 전하는 역할을 담당해 왔습니다. 그리고 그 중심에는 니체의 3단 변신이 이야기하는 것과 유사한 죽음과 부활의 코드가 숨어있지요.

　　어머니의 죽음으로 시작되는 바실리사 이야기는 깨달음의 시작이라고 할 수 있는 영웅의 여정을 알립니다. 너무 소중하고 친절한 엄마의 죽음을 통해 딸은 새롭게 태어날 기회를 얻습니다. 이 친절한 어머니는 스스로의 본능으로 미래를 개척해야 하는 바실리사의 홀로서기에 방해가 되는, 바실리사 내면의 나약한 본능을 상징하니까요. 바실리사의 머리를 쓰다듬어주고 지켜주며 보호하는 지나치게 친절한 어머니가 점점 약해지고 줄어들어야만 바실리사 스스로 자신을 돌볼 수 있게 되기 때문입니다. 때마침 악랄하고 파렴치한 계모와 두 딸이 바실리사의 세계에 들어와 그녀의 삶을 비참하게 바꾸어 놓지요. 그럼에도 불구하고 바실리사는 그녀들을 상냥하고 친절하게 대하는데 온 힘을 기울입니다. 바실리사는 노예가 되었고 그럴수록 그녀의 삶은 수렁으로 빠집니다. 이때 주어진 두 번째 죽음인 동시에 두 번째 거듭남은 현실의 고통을 이해하는 것으로 시작됩니다. 바실리사는 계모와 두 딸이 거울처럼 비추고 있는 스스로의 내면을 직시하고 인정할 필요가 있는 것입니다. 융 심리학자인 클라리사 P. 에스테스Clarissa P. Estes는 저서 《늑대와 함께 달리는 여인들》에서 바실리사 이야기에 숨어있는 '영웅의 여정'에 대해 이야기합니다. 예를 들어 계모와 두 딸은 바실리사의 심리 안에 있는 부정적 측면을 나타낸다는 것입니다. 그것은 못나고 쓸모없어서 한구석으로 몰아둔 어두운 측면으로 바실리사의 내면에 계모나 두 딸처럼 남을 억압하고 질투하고 이용하는 나쁜 면이 존재한다는 이야기지요. 바실리사 같은 상황에 처한 사람은 대개 남의 뜻에 고분고분 따르려는 충동을 느끼는데 이럴수록 자신에게 강요된 모습과 실제 본 모습 사이의 괴리를 꿰뚫어 봐야 한답니다. 바로 이때가 낡은 자아가 죽고 새로운 직관적 자아가 탄생하는 계기가 될 수 있으니까요. 니체식으로 풀면 낙타가 사자로 변모하는 상태인 것입니다.

계모와 두 딸은 우리 심리 안에 있는 문화의 영향력을 나타내기도 한답니다. 에스테스는 이들이 일종의 초자아로 건강하든 건강하지 않던 한 사회가 한 인간에게 갖는 기대의 산물을 상징한다고 이야기합니다. 문화적 기대라고 할 수 있는 초자아는 자기 내면이 아니라 외부에서 오는 영향력인 경우가 많다고 하지요. 에스테스는 이들이 마귀할멈처럼 소리친다고 말합니다.

"넌 부족한 사람이야. 정말 형편없어. 용기도 없고 멍청해. 무기력하고, 속은 텅 비어 있어. 게다가 시간도 없고, 단순한 일밖에 못해. 네 능력으로는 이 정도밖에 할 수 없어. 앞서 있을 때 빨리 그만둬."

니체의 낙타가 주인이 시키는 대로 순종하듯이 바실리사는 지혜가 요구될 때 오히려 착한 소녀가 되려고 애쓰는 경향이 있습니다. 억압적인 환경에서 착하게 구는 것만이 미덕이라고 여길수록 바실리사는 더 큰 궁지로 몰립니다. 마침내 계모와 두 딸은 바실리사를 죽이려는 음모를 꾸밉니다. 불씨를 일부러 꺼트린 척 함으로써 바바야가라는 무서운 마녀가 있는 숲속으로 바실리사를 내몰아 버린 것입니다.

묵묵히 집안일을 계속하던 바실리사는 드디어 낙타의 단계에서 사자의 단계로 변모하기 시작합니다. 남들에게 짓밟히며 살아서는 결코 발전할 수 없습니다. 바실리사의 계모와 언니들의 교묘한 술책 덕분에 바실리사는 용감하게 야성의 할멈 바바야가를 만나러 숲속으로 뛰어 들어갑니다. 그래서 예수는 "원수를 사랑하라"고 말했는지도 모릅니다. 우리를 성장하게 만드는 에너지의 팔할 이상이 원수와 같은 이들과 싸워서 이기는 과정에서 뿜어져 나오기 때문입니다.

불씨가 꺼지는 것은 고통스러운 무기력함을 나타내지만 반면 불씨가 꺼짐으로써 바실리사는 드디어 고집을 꺾습니다. 자신의 낡은 삶의 방식을 버리고 전율하며 새로운 인생으로 들어가는 것입니다. 죽음과 부활의 코드는 여기에서도 반복됩니다. 이때 바실리사가 어머니로부터 물려받은 인형은 작은 생명의 상징으로 인간 안에 깃든 신령한 존재를 나타냅니다. 인형은 원초적인 자아의 작고 빛나는 복제품입니다. 선불교의 관점으로 보면 '주인공'이자 '참나'라고 볼 수 있을 것입니다. 에스테스는 동화와 민담에서 종종 인형은 우리 내면에 깃들어 있는 이성과 지혜와 의식의 소리를 나타낸다고 이야기합니다.

드디어 바실리사는 여걸, 바바야가를 만나게 됩니다. 마치 일본의 유명한 애니메이션 영화인 〈센과 치히로의 행방불명〉에서 온천방의 주인 마녀로 등장한 유바바를 떠오르게 하는 바바야가가 무서운 존재인 것은 생명력의 상징이면서 동시에 죽음의 상징이기 때문입니다. 에스테스는 그녀의 얼굴에 자궁, 피 맺힌 눈, 완벽한 신생아, 천사의 날개 등이 모두 담겨 있다고 묘사합니다. 바바야가의 가장 특이한 성질은 너무나 위협적이지만 지극히 정당하다는 사실입니다. 바실리사가 자기를 존중하는 한 결코 그녀를 해치지 않습니다. 유바바와 마찬가지로 바바야가는 마녀의 모습을 한 여걸이기도 합니다. 마녀란 야성의 부정적인 의미도 있지만 원래는 재치라는 말에서 유래했다고 하지요. 병을 치료하는 사람에게도 마녀라는 칭호를 붙이기도 했습니다. 바실리사 이야기는 우리가 바바야가와 같은 유익한 힘을 받아들여야 함을 알려줍니다. 진정한 힘은 당당히 자신의 본질을 받아들이고 나름대로 야성을 발현하며 사는 것입니다. 니체가 이야기하는 디오니소스적인 것, 곧 본능적이고 도취적인 무의식적인 에너지란 이런 것입니다. 이는 또 새로운 것을 배우고, 아는 것을 받아들일 수 있는 용기를 뜻하기도 합니다.

바실리사는 바바야가에게 불씨를 달라고 간청하고 바바야가는 그 대가로 집안일을 시키는데 이는 바실리사가 잊고 있었던 본연의 통찰력을 키워주는 과정이라고 볼 수 있습니다. 바실리사는 바바야가의 옷을 빨면서 영혼을 씻고 정화하는 법을 배우며 집안을 치우고 마당을 쓸면서 정신을 둘러싼 환경을 깨끗이 유지하는 명상법을 배웁니다. 끝으로 바바야가의 음식을 만드는 일은 바실리사로 하여금 열정과 창의력의 가치를 일깨워줍니다. 이런 일들을 통해 바실리사는 분별력을 길러 미묘한 차이를 구분하는 정교한 판단력을 배우게 된 것입니다. 인형의 도움으로, 즉 자신의 직관을 따라감으로써 어려운 집안일들을 무사히 마친 바실리사는 바바야가에게 몇 가지 질문을 합니다.

살면서 누구나 한 번쯤 "나는 누구이고 내 인생의 목적은 무엇인가?"라는 의문을 제기하게 되는데, 바실리사가 바로 그런 단계에 오른 셈입니다. 바바야가는 우리 자신이 삶이자 죽음이며 그것이 곧 우리 인생의 리듬임을 가르쳐줍니다. 이는 바실리사가 바바야가를 찾아오면서 보게 되는 다양한 상징들로 나타나는데 이를 통해 바실리사는 삶과 죽음이 분리된 것이 아니라 동전의 양면과도 같음을 깨닫게 됩니다. 이와 마찬가지로 사악한 계모와 두 의붓언니라는 현실이 자기 내면에 있는 어두운 그림자의 반영일 뿐이라는 것을 알게 됩니다. 이런 진리를 터득한 사람은 모든 것을 액면 그대로 받아들이던 과거의 태도를 버립니다. 그리고 무엇이든 주의 깊게 살피고 예리하게 판단하게 됩니다.

마침내 바바야가는 바실리사에게 그토록 원하던 불씨를 전해주게 되는데 그것을 해골에 담아서 줍니다. 예로부터 해골은 직관의 상징으로 해골에서 뿜어져 나오는 불씨의 빛은 바실리사에게 지혜의 불꽃과 날카로운 감각이 생겼음을 상징하는 것이었습니다. 에스테스는 해골의 빛이 때론 가슴 아픈 사실들을 드러낸다고 설명합니다. 믿었던 이의 배신, 용감한 척하는 사람들의 망설임, 따스한 미소 속에 숨어 있는 차가운 시기심, 싫어하면서도 좋아하는 척하는 위선 등을 낱낱이 보게 된다는 것이지요. 이는 자기 자신에게도 마찬가지입니다. 이런 점이 힘들어 해골 빛을 버리고 싶을지도 모릅니다.

우리 안의 바리데기

해골의 빛, 즉 우리 안의 직관과 야성성을 어떻게 사용해 자아실현을 완성할 것인가에 대한 이야기는 구비문학자 신동흔 교수가 신화 중의 신화로 손꼽는 우리나라의 민담 〈바리데기〉에도 잘 나타나 있습니다. 인간이 태어나 갖은 간난신고를 겪어내는 과정 속에서 내면의 빛을 발견해 나 자신 뿐만 아니라 세상 전체를 찬란하게 밝혀나가야 한다는 우리 삶의 궁극적 목적이자 원형적 단계를 그 어떤 신화보다 더 아름답고 감동적으로 구현해내고 있는 것이지요.

잘 알려져 있다시피 〈바리데기〉는 쓸모없는 딸이라는 이유로 태어나자마자 버림받은 여자 아이 바리공주가 갖은 역경을 넘어선 끝에 아버지 오구대왕을 살릴 약수를 구해 고귀한 존재로 등극한다는 이야기입니다. 바리 공주의 갖은 고생으로 점철된 이 이야기는 삶이 주는 역경을 딛고 주변 사람들에게 큰 기쁨과 도움이 되는 전형적인 영웅의 일대기가 가진 특징들을 가지고 있습니다. 태어나자마자 버려짐, 홀로 있음, 가난함 등의 조건들에도 불구하고 인내와 겸손, 노고를 아끼지 않는 부지런함 그리고 마지막으로 용서와 관대함을 지닌 참된 자기를 찾아 나가는 자아실현의 과정을 아름다운 이야기로 풀어낸 것입니다.

여느 신화들과 마찬가지로 〈바리데기〉는 거부할 수 없는 운명으로부터 시작됩니다. 딸만 내리 여섯을 낳는 바람에 간절히 아들을 바라던 오구대왕에게 일곱 번째 딸로 바리가 태어난 것도 하늘이 정한 바꿀 수 없는 운명이요 오구대왕의 깊은 실망 끝에 버려진 바리가 구원을 받고 살아나서 저승의 약수를 길어 오는 것 또한 애초부터 정해져 있는 운명으로 이야기하는 것이지요. 훗날 바리가 신이 되는 것 또한 바리가 정해진 운명의 행로를 걸어간 결과로 볼 수 있을 정도로 〈바리데기〉는 날 때부터 하늘의 특별한 사명을 받아 태어난 영웅이 그 참모습을 찾아나가는 여정을 그려내고 있습니다.

놀랍게도 신동흔 교수는 이를 바리라는 특수한 타자의 일이 아니라 우리 모두가 바리와 같은 운명으로 태어나 같은 길을 걸어가고 있음을 뜻한다고 해석합니다. 헤아려보면 이 세상에 생명을 얻어 태어나는 것 자체가 범상할 수 없는 특별한 운명이라 할 수 있기 때문이랍니다. 실례로 한 사람이 지구에 존재할 확률이 로또에 당첨될 확률의 $1/10^{15}$이라고 합니다. 우리는 누구나 이런 엄청난 기회를 거머쥔 사람들인 것이지요. 생물학자 정용석 교수가 공저 《나는 누구인가》에서 하늘과 땅 사이에 내가 얼마나 존귀하고 유일하며 완전하고 무결한 존재인가를 뜻하는 말인 '천상천하 유아독존'이 과학적으로 봐도 명백한 사실임을 이야기하는 이유도 바로 여기에 있습니다. 그러니 신화 속 바리뿐만 아니라 세상의 모든 존재가 특별한 인연과 운명으로 세상에 태어난 것이라는 점은 부인할 수 없는 사실입니다.

신동흔 교수는 일곱째 공주 바리가 태어나자마자 버려졌다는 이야기 자체도 태어나면서 버려지는 인간 모두의 운명을 빗댄 것임을 지적합니다. 어미 몸에서 분리되는 순간 사람은 누구라도 제 한 몸을 스스로 감당해야 하는 운명과 맞닥뜨리게 되지 않느냐는 것입니다. 바리가 그러했듯이 사람은 누구나 자기 한 몸이 어떤 이유로 어디서 어떻게 왔는지 까맣게 모르는 채로 고독과 의문 속에서 넓고 거친 세상을 헤쳐 나가야 하기 때문입니다. 태어나자마자 부모로부터 버림을 받는다는 것이 세상을 살면서 누구나 겪는 보편적인 경험으로 승화되는 시점은 여기서부터라는 것이지요. 누구나 한 번쯤 나는 왜 세상에 태어나서 이 고생을 하며 살고 있는지를 한탄해 본 적이 있을 것입니다. 신동흔 교수의 말마따나 한 세상 살아오면서 '버림 받았다'는 느낌을 받아보지 않은 사람은, 고독 속에서 아파보지 않은 사람은 아마도 거의 없을 것입니다.

이런 관점에서 보면 자신을 버렸던 부모와 재회한 바리가 그 부모를 살리기 위해 약수를 찾아서 저승으로 떠나는 일 또한 지극한 효심이라기보다는 바리가 그 존재의 근원으로 상징되는 부모를 살려냄으로써 자기 존재를 찾아나서는 여정을 상징한 것이라고 해석해 볼 수 있답니다. 바리는 자신의 지독한 운명을 기꺼이 받아들임으로써 니체의 아모르 파티를 몸소 실천하고 있는 셈이지요.

이야기는 자기 존재를 찾아 나서는 길이 무척이나 힘들고 고됨을 보여줍니다. 한 번도 가보지 않은 길을 물어물어 찾아가는 바리에게 닥치는 온갖 간난신고가 그것인데, 이와 동시에 바리가 가는 길마다 까막까치가 머리를 조아리고 나무와 풀이 바리를 인도하며 갖가지 꽃이 피고 꾀꼬리가 노래하는 풍경에 대한 묘사는 그 길을 걸어가는 바리의 내면이 그만큼 성장하고 있음을 나타낸 것이라 볼 수 있습니다.

바리는 저승에 도착해 무장승(무장신선)을 만나 약수를 얻는 대가로 그의 아내가 되어 나무하고 불 때고 물을 긷고 아이도 낳습니다. 바리 신화를 연구하는 학자들은 이것이 약수로 상징되는 우리 내면의 신성을 되찾는 길이 먼 데 있는 것이 아니라 우리 삶 그 자체에 있음을 나타낸 것이라고 해석합니다. 생활 속에서 노동의 가치를 체득하고 결혼하여 아이를 낳는 일 등 우리 모두가 삶에서 해야만 하는 일들이 가장 소중하다는 것이지요. 무장승의 요구사항을 모두 들어준 바리에게 무장승이 그간 하던 나무가 개안주이고 그간 긷던 물이 약수라고 말하는 것은 바로 이런 이유에서입니다. 신성은 다른데 깃들어 있는 것이 아니라 바로 우리 앞에 닥친 삶의 과제들을 해결해나감으로써 만들어지는 것이라는 교훈입니다. 바리가 마침내 약수를 구해 부모를 되살리고 자신을 미워하던 이들까지도 끝내 사랑으로 보듬어 여신으로 거듭나는 과정은 가장 낮은 곳에서 버림받은 사람만이 그 고된 체험을 통해 나와 세계가 둘이 아님을 깨닫고 마침내 자아실현을 이뤄 사랑으로 충만한 존재가 될 수 있음을 보여주는 것입니다.

신동흔 교수는 우리 신화의 대다수 주인공들이 그 자신이 신인 동시에 인간임을 이야기합니다. 현재는 신이지만 원래 인간이었던 존재라는 것입니다. 인간으로 태어나 세상사의 고락을 짊어지고 헤쳐내어 마침내 신으로 좌정한, 그리하여 인간의 생사고락을 주재하게 된 그런 존재라는 이야기이지요. 인간을 뛰어넘었기에 신이 된 이들도 있지만 인간의 한계를 절감했기에 신이 된 이들이 더 많다고 합니다. 왜 그럴까요?

인간적인 삶을 산 존재라야 인간을 제대로 지켜주고 이끌어줄 수 있는 법이기 때문이랍니다. 신성이란 그러므로 저 아득한 곳에 있는 것이 아닙니다. 바실리사나 바리처럼, 아니 우리 모두가 그러하듯 우리 내면에 그 신성의 불꽃이 타오르고 있는 것입니다.

끝없이 죽고 다시 태어나라

니체의 말마따나 아이로서의 본성을 되찾은 사람들, 즉 신성을 되찾은 사람은 내가 진정으로 원하는 것이 무엇인가를 깨닫게 됩니다. 아무리 막막한 상황에 처해도 자신의 내면에 깃든 리듬에 따라 살아가며 스스로의 직관을 따르기 때문입니다. 바실리사가 해골의 빛으로 상징되는 내면의 직관에 따라 진실을 보는 것처럼, 바리가 매일의 삶에서 자신 앞에 닥친 과제들을 해결하며 성장해나가는 것처럼 우리의 내면에 그 리듬은 이미 존재하고 있기에 단지 찾아내기만 하면 됩니다. 한 번의 깨달음으로 그쳐서는 안 됩니다. 우리는 끝없이 죽고 다시 태어나야 합니다. 우리 내면 깊이 살릴 것을 살리고 죽을 것을 죽게 놔둘 줄 아는 지혜가 있다는 것을 믿어야 합니다. 선불교에서도 자기가 본래 부처라는 사실을 알아야 삶의 고통에서 벗어날 수 있음을 이야기합니다. 우리들이 현실 생활 속에서는 비록 찌들고 지치고 남루하고 부족하다 할지라도 우리들의 본래 성품은 밝고 청정하다는 것입니다. 그 자리엔 '괴롭다', '고통스럽다'는 말이 애초부터 해당되질 않습니다. 우리들이 비록 능력이 모자라고 몸이 부자유스럽고 가진 게 없다 할지라도 우리들의 자성은 본래 무한한 능력과 힘을 가지고 있다고 합니다. 깊숙이 감춰진 보배처럼 말입니다. 불법은 바로 그것을 발견하라는 가르침입니다. 그것을 발견함으로써 밝고 청정한 삶을 누리라는 가르침이라는 것입니다.

니체가 이야기하는 아모르 파티, 즉 운명에 대한 사랑도 이렇게 참된 나를 발견하라는 뜻입니다. 죽어야 깨달을 수 있습니다. 지금까지 살아오면서 마치 나인 양, 나의 분신인 양 붙들고 아끼던 고정된 생각, 고정된 관념이 죽어야 비로소 삶의 판도가 바뀌게 되고 내 앞을 가로막고 서 있는 그 어떤 장애물도 넘어설 수 있습니다.

선가에서는 그래서 "나를 세우지 않으면 무엇을 하든 참선이다. 일체를 주인공에 맡겨 놓고 지켜보면서 가면 그게 참선이다. 그냥 먹으면서 일하면서 차타고 출근하면서, 사랑하면서 잠자면서 그대로 참선이 될 수 있다"고 이야기합니다.

한국 불교계의 큰 스승이셨던 대행 스님은 아기가 걸음마 익히는 것을 보고 배우라고 말합니다. 아기는 천방지축으로 발걸음을 떼어 놓지만 그러다가 넘어지면 어쩌나 그런 생각을 하면서 하는 게 아닙니다. 아무 생각 없이 오직 발걸음을 떼어 놓는 그 기쁨에 젖어 열심히 할 뿐입니다. 그와 같이 우리도 살아가면서 다 놓고 뛰어야 하는데 그러기는 커녕 이거 잘못되면 어쩌나 구덩이에 빠지면 보통 낭패가 아닐 텐데 하면서 전전긍긍한다는 것입니다. 발자국을 성큼 떼어놓지 못합니다. 관습에 찌들어서 고정관념에 묶여서 영 옴치고 뛰질 못합니다. 우리 중 누구라도 삶에서 닥치는 일들을 그대로 받아넘기면서 놓고 갈 수 있다면 참으로 싱그럽게 살 수 있다는 것입니다.

니체는 그의 유명한 주사위 던지기 비유를 통해 "세계는 우연을 원리로 삼는 영원한 순환일 뿐이다"라고 말합니다. 모든 것이 영원히 반복된다는 그의 영원회귀 사상은 하나의 원 속을 뱅뱅 도는 단순 반복을 의미하는 것이 아니라 나선처럼 끝없이 차원이 상승하는 반복일 것입니다. 인간을 포함한 우주 삼라만상이 가진 기본구조인 프랙털이 그 좋은 예입니다. '부분이 전체를 반복한다'는 프랙털 구조는 모든 생명체의 근간이 되는 DNA의 구조와도 일치하는 것으로 부분에 전체가 담기고 전체에는 부분이 담긴 무한 반복의 패턴인데 나선형으로 확장해나가는 특성을 가지고 있습니다.

실제로 진화의 과정은 패턴이 반복되는 과정이며 우리가 사는 세상의 본질이 바로 이러한 프랙털입니다. 모든 생명체는 패턴이 반복되는 과정을 통해 오늘날의 모습을 갖추게 되었기 때문이지요. 프랑스 출신의 수학자인 브누아 만델브로Benoit Mandelbrot는 너무나 복잡해서 도저히 규칙을 찾을 수 없는 것처럼 보이는 자연현상 속에 숨어 있는 미묘한 규칙성을 찾아내 이를 '프랙털'이라고 명명한 주인공으로 카오스의 세계를 풀어 내는 단서가 다음의 두 가지임을 밝혀냈습니다.

첫째, 자기 유사성(자기와 비슷한 것을 만든다)
둘째, 순환성(위의 일을 계속 반복한다)

만델브로는 이 두 가지 성질을 만족하는 복소수 r(실수와 허수의 집합으로 이뤄지는 수)을 컴퓨터를 이용해 계산해보았습니다. 그러자 컴퓨터 화면 가득히 풍뎅이와 비슷한 모양이 나타났다고 합니다. 그 풍뎅이를 수십 배 확대했더니 여러 모양이 나타나다가 다시 풍뎅이 모양이 나타났습니다. 다시 수십 배 확대하자 풍뎅이 모양이 또 나타났지요. 부분을 확대했더니 전체가 나타난 것입니다. 작은 부분 하나를 확대해보면 전체의 모양을 담고 있는 현상은 해변은 물론 섬 같은 지형을 비롯해 성게나 공룡등에도 적용되었습니다. 다시 말해 우주 삼라만상의 모습이 이와 같았던 것입니다. 자연의 모든 부분 속에는 전체가 담겨 있었습니다.

실례로 나무를 형성하고 있는 나뭇가지들 중 어느 부분을 선택해 확대해도 전체 나무 모양과 같은 모양을 얻을 수 있습니다. 이러한 성질이 '자기유사성'이며 전체 나뭇가지에 걸쳐 이것이 무한히 반복되고 있는 '순환성'을 가집니다. 아름다운 눈송이의 구조나 우주의 신비스러운 모습, 하천의 흐름, 산맥의 지형, 너울이 밀려오는 해안선의 모습 그리고 새하얀 뭉게구름의 형상 등 우리 주변의 모든 것 속에 프랙털 구조가 들어 있는 것입니다.

만델브로는 프랙털 구조를 적용해 불규칙하며 혼란스러워 보이는 현상을 배후에서 지배하는 규칙을 찾아낸 것입니다. 이제 프랙털 구조는 혼란스러워 보이는 현상을 설명하는 새로운 언어로 등장하게 되었습니다. 불규칙해서 측정이 불가능하다고 여기는 사람의 심장박동에서도 프랙털이 나타났습니다. 일반적인 생각과 달리 건강한 심장일수록 일정한 시간 간격으로 뛰지 않고 불규칙적으로 박동합니다. 다양한 환경에 대응해 온몸에 혈액을 공급하는 속도를 그때그때 조절하는 본능적인 보호 작용인 셈인데 이것 또한 프랙털적인 규칙에 지배되고 있습니다. 인간의 몸 자체도 프랙털로서 뇌를 비롯한 인체의 모든 부위가 프랙털적인 구조로 되어 있습니다. 우리 몸의 작은 세포 속에 있는 DNA에는 우리 몸 전체의 정보가 저장되어 있어 자신과 닮은 2세가 태어나는 것도 같은 이치입니다. 태양계에서 지구가 태양을 중심으로 공전하는 것처럼 원자의 세계로 들어가면 원자핵 주위로 전자가 도는 것과 같은 현상입니다. 작은 부분에 전체가 숨어 있는 것입니다.

만델브로의 프랙털은 니체가 궁극적으로 지향하고자 했던 '운명애'라는 개념과도 맞닿아 있습니다. 실제로 인생의 각 시점에서 우리가 처한 모든 상황들이 다 프랙털과 같은 반복이 아닐까 싶기 때문입니다. 우연이라는 이름으로 다가오는 삶의 모든 모습에서 우리는 우리 자신의 역사를 보고 있는지도 모릅니다. 그렇다면 우리는 스스로에게 이렇게 묻지 않을 수 없습니다. 이 우연, 즉 운명은 무엇을 의미하며 내게 '무슨 말'을 하는 것일까요?

니체의 '운명애'라는 것, 즉 삶을 전체적으로 받아들인다는 것은 그 삶이 내포하고 있는 우연과 그 우연이 야기시킨 모든 결과까지도 받아들인다는 것입니다. 그렇다면 운명, 이것이야말로 내가 진정 필요로 했던 것이 아닐까요? 그러니 어떻게 운명을 사랑하지 않을 수 있을까요? 이럴 때 우리는 비로소 삶을 이해하게 됩니다.
"삶이 곧 나다! 내가 바로 운명이다!"

―――― 참고문헌 ――――

[I] 서른에 죽거나 서른에 다시 태어나거나
1. 밀란 쿤데라의《참을 수 없는 존재의 가벼움》(민음사, 2009)을 인용.
2. 시지프스를 구하는 다양한 방법들에 대한 철학자들의 해답은 이윤의《굿바이 카뮈》(필로소픽, 2012)를 참조.
3. 세포를 통해 들여다 본 인간의 삶과 운명에 관한 논의는 브루스 H. 립턴의《당신의 주인은 DNA가 아니다》(두레, 2014)를 참조.
4. 니체의《자라투스트라는 이렇게 말했다》에서 발췌한 인용문은 지은이가 직접 번역.
5. 조로아스터교가 동서양 종교에 미친 영향에 대해서는 원종우의《조금은 삐딱한 세계사 : 유럽편》(역사의 아침, 2012)을 참조.
6. 〈보헤미안 랩소디〉와 프레디 머큐리에 대한 이야기는 그레그 브룩스와 사이먼 럽턴 공편의《퀸의 리드 싱어 프레디 머큐리》(뮤진트리, 2009)를 참조.
7. 운명과 사주팔자에 대한 인문학적 해설은 고미숙의《나의 운명 사용설명서》(북드라망, 2012)를 참조.
8. 시절인연에 얽힌 김영하 작가의 에피소드는 김영하의《보다》(문학동네, 2014)를 참조.
9. 심리학자 아들러와 그의 개인심리학에 대한 이야기는 가시미 이치로의《아들러 심리학을 읽는 밤》(살림출판사, 2015)을 참조.
10. 니체의 권력의지에 대한 해설은 이수영의《미래를 창조하는 나》(아이세움, 2009)를 참조.
11. 베데킨트 교수의 연구는 강석주 외 공저의《나는 누구인가》(21세기북스, 2014) 중 정용석 교수 편을 참조.
12. 인간 두뇌의 진화 과정에 대한 연구는 미치오 가쿠의《마음의 미래》(김영사, 2015)를 참조.
13. 형태장 이론과 관련된 연구는 김상운의《왓칭》(정신세계사, 2011)을 참조.
14. 좀비 모듈에 대한 이야기는《우리는 모두 별들이 남긴 먼지입니다》를 참조.
15. 최재천 교수의 DNA와 유전자에 관련된 이야기는 인문학 아고라 'Beautiful life - 아름다운 삶과 죽음' 강연(https://www.youtube.com/watch?v=xgo4JsgT8FA)에서 참조.

[II] 자기 자신이 된다는 것
1. 니체의《유고》에서 가져온 인용문은 지은이가 직접 번역.
2. 불교의 성불 체험에 대한 이야기는 오강남의《불교, 이웃종교로 읽다》(현암사, 2006)를 참조.
3. 질 볼트 테일러 박사의 뇌졸중 체험 이야기는 지은이의 전작《나는 왜 일하는가》(인라잇먼트, 2012)를 참조.
4. 안락에 대한 불교적 정의는 나카자와 신이치와 가와이 하야오 공저의《불교가 좋다》(동아시아, 2007)를 참조.
5. 아리스토텔레스의 철학과 음악에 대한 관점은《무력할 땐 아리스토텔레스》(자음과모음,

2013)를 참조.
6. 과학자들이 말하는 뇌와 음악의 상관관계는 돈 캠벨의 《음악으로 행복하라》(페퍼민트, 2012)를 참조.
7. 한나 아렌트의 인간에 대한 관점과 호모 파베르에 대한 이야기는 리차드 세넷의 《장인》(21세기북스, 2010)을 참조.
8. 니체의 《안티크라이스트》에서 발췌한 인용문은 야니스 콩스탕티니데스의 《유럽의 붓다 니체》(열린책들, 2012)에서 재인용.
9. 니체 철학에 대한 불교적 해설은 김정현의 《니체, 생명과 치유의 철학》(책세상, 2006)을 참조.
10. 브라이언 그린의 다중우주에 대한 설명은 브라이언 그린의 《우주의 구조》(승산, 2005)를 참조.
11. 데이비드 도이치 교수의 다중우주에 대한 설명은 토비아스 휘르터와 막스 라우너 공저의 《평행우주라는 미친 생각은 어떻게 상식이 되었는가》(알마, 2013)를 참조.
12. 니체바위와 관련된 니체의 말은 같은 책에서 소개된 것을 재인용.
13. 전생 리딩에 대한 이야기는 박진여의 《당신, 전생에서 읽어드립니다》(김영사, 2015)를 참조.
14. 니체 사상에 대한 선불교적 해설은 야니스 콩스탕티니데스의 《유럽의 붓다 니체》(열린책들, 2012)를 참조.
15. 니체의 하루에 대한 묘사는 스테판 츠바이크의 《니체를 쓰다》(세창출판사, 2013)에서 발췌.
16. 12단계로 이루어진 영웅의 여행은 크리스토퍼 보글러의 《신화, 영웅 그리고 시나리오 쓰기》(비즈앤비즈, 2013)를 참조.
17. 하랄드 벨처의 참전 군인 연구는 《그들은 어떻게 살아남았을까?》(민음인, 2011)를 참조.
18. 조앤 K. 롤링에 대한 이야기는 진 스미스의 《해리포터 성공 판타지》(문예당, 2001)와 마크 샤피로의 《조앤 K. 롤링》(문학수첩, 2012)을 참조.
19. J. R. R. 톨킨에 대한 이야기는 콜린 듀리에즈의 《루이스와 톨킨》(홍성사, 2005)과 조지프 피어스의 《톨킨》(자음과 모음, 2001) 그리고 앤드류 블레이크의 《30분에 읽는 J.R.R.톨킨》(중앙m&b, 2003)을 참조.
20. 레이먼드 카버의 생애와 작품에 대한 이야기는 《대성당》(문학동네, 2014)을 참조.

[III] 아모르 파티 : 주어진 운명을 사랑해야 하는 이유
1. 니체의 《자라투스트라는 이렇게 말했다》에서 가져온 인용문은 지은이가 직접 번역.
2. 신경생물학자 한나 모니어와의 인터뷰는 《우리는 모두 별들이 남긴 먼지입니다》를 참조.
3. 라마찬드란의 행복에 대한 이야기는 같은 책을 참조.
4. 엘리자베스 길버트의 창의성에 대한 이야기는 지은이의 전작 《뜨거운 확신》(알에이치코리아, 2015)을 참조.

5. 앨런 스나이더의 생각하는 모자 연구와 브루스 밀턴의 치매환자 연구는 같은 책을 참조.
6. 세상 만물이 편집의 결과라는 이야기는 지은이의 전작《나는 왜 일하는가》(인라잇먼트, 2012)를 참조.
7. 말콤 글래드웰의 트위커 관련 이야기는〈The New Yorker〉의 2011년 11월 14일자 기사 'The real genius of Steve jobs'를 참조.
8. 루퍼트 셸드레이크의 형태공명장에 대한 이야기는 그의 책《Morphic Resonance》(Rochester, Vt. : Park Street Press, 2009)를 참조.
9. 니체의 디오니소스적인 것에 대한 이야기는 니체의《비극의 탄생》(아카넷, 2007)을 참조.
10. 한국인의 신기에 대한 이야기는 최준식의《한국의 신기》(소나무, 2012)를 참조.
11. 니체를 괴롭힌 신체적 고통에 대한 묘사는 슈테판 츠바이크의《니체를 쓰다》(세창출판사, 2013)에서 발췌.

[IV] 3단 변신하라
1. 니체의《자라투스트라는 이렇게 말했다》에서 발췌한 인용문은 지은이가 직접 번역.
2. 니체의 3단 변신에 대한 조셉 캠벨의 해석은 조셉 캠벨과 빌 모이어스의 대담집《신화의 힘》(21세기북스, 2002)을 참조.
3. 헤르만 헤세의《데미안》에서 발췌한 인용문은《데미안》(민음사, 2013)에서 가져옴.
4.《데미안》에 대한 해설은 조하선의《데미안, 보르헤스와 함께 떠나는 카발라 여행》(나무와 숲, 2009)과 정여울의《헤세로 가는 길》(아르테, 2015)을 참조.
5. 이인웅 교수의 헤세 연구는 법보신문 2009년 10월 6일자 기사 "[불교와 지성] 19. 헤르만 헤세(http://www.beopbo.com/news/articleView.html?idxno=58153)"를 참조.
6. 명상과 관련된 이야기는 스즈키 순류의《선심초심》(김영사, 2013)을 참조.
7. 정체성 시스템을 멈추는 방법에 대한 이야기는 스탠리 H. 블락의《내 마음에 다리놓기》(모디, 2011)를 참조.
8. 신비주의의 길과 십우도에 대한 이야기는 오강남, 성해영 공저의《종교, 이제는 깨달음이다》(북성재, 2011)를 참조.
9. 바실리사 이야기에 대한 해설은《늑대와 함께 달리는 여인들》(이루, 2013)을 참조.
10. 바리데기 이야기에 대한 해설은 신동흔의《살아있는 우리 신화》(한겨레출판, 2004)를 참조.
11. 대행스님의 설법은《삶은 고가 아니다》(한마음선원, 2009)와《건널 강이 어디 있으랴》(한마음국제문화원, 2009)를 참조.
12. 만델브로와 프랙털 구조 발견에 대한 이야기는 지은이의 전작《뜨거운 확신》(알에이치코리아, 2015)을 참조.

──── 저자소개 ────

헬렌 S. 정

    부산외국어대학교에서 외교학을 전공하고 유학을 떠나 미국 캘리포니아 대학교 샌디에이고 캠퍼스University of California, San Diego 국제관계대학원에서 국제정치를, 조지메이슨 대학교George Mason University에서 영어교육을 공부했다. 이후 이화여자대학교 국제대학원에서 국제학 석사를 받았다. 다양한 분야를 오가며 쌓은 지식과 경험을 바탕으로 출판기획자이자 작가로 활동하고 있다. 대표작으로 2012 문화체육관광부 우수교양도서인 《나는 왜 일하는가》, 2014 우수출판콘텐츠 제작지원 당선작 《철학은 운명이다》 등이 있으며 유수의 공공기관을 중심으로 강연활동도 펼쳐나가고 있다.

이 도서의 국립중앙도서관 출판예정도서목록(CIP)은
서지정보유통지원시스템 홈페이지(http://seoji.nl.go.kr)와
국가자료공동목록시스템(http://www.nl.go.kr/kolisnet)에서
이용하실 수 있습니다.
(CIP제어번호 : CIP2015022269)

니체 운명수업

초판 1쇄 인쇄 2015년 08월 25일
초판 1쇄 발행 2015년 09월 01일

지은이 　헬렌 S. 정
펴낸곳 　인라잇먼트
펴낸이 　김진식

출판등록 　2011년 06월 07일 제406-2011-000071호
　　주소 　경기도 파주시 탄현면 하늘소로 16 105-206
　　전화 　070-7672-5523
　　팩스 　031-624-5523
　이메일 　enlightenme.book@gmail.com
　　인쇄 　(주)현문자현
　　종이 　한솔PNS

ⓒ헬렌 S. 정 2015
ISBN 978-89-967128-7-9　03100
값 15,000원

작가와 협의 하에 인지는 생략합니다.
잘못된 책은 구입하신 서점에서 교환해 드립니다.